国家社科基金
GUOJIA SHEKE JIJIN HOUQI ZIZHU XIANGMU
后期资助项目

地方政府土地财政问题及其治理研究：理论分析与实证检验

The Research on Local Governments' Land
Finance and its Governance Mechanism:
Theoretical Analysis and Empirical Test

刘 佳 著

中国财经出版传媒集团
经济科学出版社
Economic Science Press

图书在版编目（CIP）数据

地方政府土地财政问题及其治理研究：理论分析与实证检验/
刘佳著 . —北京：经济科学出版社，2020. 8
国家社科基金后期资助项目
ISBN 978 - 7 - 5218 - 2325 - 7

Ⅰ. ①地…　Ⅱ. ①刘…　Ⅲ. ①地方政府 – 土地制度 –
财政制度 – 研究 – 中国　Ⅳ. ①F321. 1

中国版本图书馆 CIP 数据核字（2021）第 017050 号

责任编辑：张立莉
责任校对：李　建
责任印制：王世伟

地方政府土地财政问题及其治理研究：理论分析与实证检验
刘　佳　著
经济科学出版社出版、发行　新华书店经销
社址：北京市海淀区阜成路甲 28 号　邮编：100142
总编部电话：010 - 88191217　发行部电话：010 - 88191522
网址：www. esp. com. cn
电子邮箱：esp@ esp. com. cn
天猫网店：经济科学出版社旗舰店
网址：http：//jjkxcbs. tmall. com
北京季蜂印刷有限公司印装
710×1000　16 开　12.75 印张　250000 字
2021 年 3 月第 1 版　2021 年 3 月第 1 次印刷
ISBN 978 - 7 - 5218 - 2325 - 7　定价：68.00 元
（图书出现印装问题，本社负责调换。电话：010 - 88191510）
（版权所有　侵权必究　打击盗版　举报热线：010 - 88191661
QQ：2242791300　营销中心电话：010 - 88191537
电子邮箱：dbts@ esp. com. cn）

国家社科基金后期资助项目
出版说明

后期资助项目是国家社科基金设立的一类重要项目，旨在鼓励广大社科研究者潜心治学，支持基础研究多出优秀成果。它是经过严格评审，从接近完成的科研成果中遴选立项的。为扩大后期资助项目的影响，更好地推动学术发展，促进成果转化，全国哲学社会科学工作办公室按照"统一设计、统一标识、统一版式、形成系列"的总体要求，组织出版国家社科基金后期资助项目成果。

全国哲学社会科学工作办公室

序

　　土地财政作为中国经济转型时期地方政府特有的软预算约束问题之一，不仅是诸多政治、经济、社会问题的焦点，更是国家体制改革下的重要议题。我国地方政府土地财政问题的产生有着较为复杂的机理，想要有效地治理土地财政问题，就必须深入剖析土地财政问题的形成机理和运行机制，识别和考察土地财政问题的影响因素和实施效应，这样才有助于厘清土地财政问题，明确土地财政未来的治理路径。对土地财政问题背后隐含的深刻理论含义进行深入研究与剖析，具有重要的现实意义。

　　土地财政问题虽然是学界的热点议题，然而学界对于该问题尚未有一致性结论，且缺乏系统的理论分析框架，尤其是在软预算约束视角下的研究更是少见。本书从软预算约束理论视角出发，针对所聚焦问题建立整合性理论框架，对土地财政的影响因素及实施效应进行深入的理论分析和实证检验。本书将现实问题提炼与提升至理论研究层面，在分析中既注重理论与现实现象的衔接，又注重寻找现象背后的理论深意及其影响逻辑，具有一定的学术创新性。

　　本书以中国地市级政府作为实证对象，借助搜集整理的二手面板数据，采用固定效应和随机效应分析，调节作用模型，分组回归分析、稳健性检验等多种统计技术，对本书提出的理论假设进行了实证验证，以定量方法、实证研究探索这一现实与理论问题的规律与化解。基于实证检验有的放矢的凝练出未来治理土地财政的相关政策建议，对现实管理改革也具有重要的现实指导意义。

　　本书主要结论及创新点主要体现在以下五个方面。

　　第一，本书是国内较早从软预算约束的视角探讨地方政府土地财政问题的实证研究。本书借鉴了企业传统的软预算约束理论，在对比分析地方政府土地财政和政府软预算约束问题关系的基础上，构建了一个"制度—行为—绩效"互动的因果关系路径模型，有机地将公共管理学、制度经济学、组织行为学等多学科联系在一起。本书采用实证方式探讨财政分权、转移支付、土地监管和预算管理等因素对土地财政的影响，以及土地财政对地区经济发展和公共服务绩效的影响。本书借鉴和整合了多学科的基础理论和研究方法，是在深度上对现有研究的有力补充。

第二，本书分析了财政分权背景下转移支付对土地财政的影响。实证研究发现，财政收入分权并不是直接引起地方政府土地财政的根本原因，财政支出分权才是土地财政的关键影响因素。在地方政府财政收入既定的情况下，地方政府财政支出规模的不断增大，可能会加大地方政府收入和支出之间的差距，从而引发土地财政问题。同时，本书还发现，财政转移支付与土地财政之间呈现显著负相关关系，这说明转移支付资金在一定程度上弥补了地方政府财政支出资金的缺口，缓解了地方政府财力与事权的不对等状况，从而有效缓解了地方政府土地财政问题。本书的结论拓展了现有财政分权理论与地方政府土地财政的相关研究，而且更加深刻地揭示了转移支付制度对土地财政影响的内在机理。

第三，在以往土地财政的研究中，很少有学者关注土地监管对于土地财政的影响，本书采用实证的方法将自上而下的监管和自下而上的监管相结合，分析了两条不同的监管模式对于土地财政问题的影响关系。本书实证发现，中央不断加大对地方政府土地出让行为的监管力度，能够有效地缓解地方政府土地财政问题。同时本书还发现，预算管理对于政府监管和土地财政之间的负向关系具有显著的正向调节作用，其能增强政府监管对土地财政的缓解作用。本书的发现不仅弥补了现有土地财政研究缺乏约束制度视角的不足，而且其提供了对土地监管更加全面和系统的认知，进一步丰满土地财政影响因素的研究。

第四，虽然地方政府土地财政对经济发展的影响关系学者们的认识比较一致，但是研究多关注土地财政对地区经济发展的短期影响，较少对经济发展长期影响关系的探讨。本书采用实证研究方法分别验证了土地财政对地区经济发展短期效应以及长期效应的影响，为进一步理解土地财政的经济效用提供了理论参考。研究发现，土地财政对地区短期经济发展有显著的正向影响，但是这一影响关系具有较长时间的延迟效应。同时，本书还发现，土地财政与地区三年平均 GDP 增长率和五年 GDP 增长率均没有显著的影响关系。这说明土地财政对经济发展的影响只是短暂局部影响，并不能从整体上持续促进区域经济发展。本书有助于深入理解土地财政的经济效应，为全面评估土地财政的实施效果提供证据。

第五，现有研究中学者们更多关注于土地财政的经济效应，很少关注于对地方政府公共服务的影响，更未见从政府公共服务绩效的角度探讨两者之间的关系。本书实证分析了土地财政对于公共服务绩效的影响，实证研究发现，地方政府的土地财政与公共服务绩效之间具有显著的"U"型关系，这说明中国地方政府的土地财政对于公共服务的提供而言，具有先抑后扬的作用。本书的结论能够有助于我们进一步理解土地财政的实施效果，弥补了当前研究仅关注土地财政与地区经济发展之间关系的不足。本研究的发现能够有效拓展以往土地财政实施效果关系的研究，进一步提升对于土地财政实施效果的认识，为今后治理地方政府的土地财政提供理论指导。

第六，在总结实证研究关键发现的基础上，本书凝练出未来治理我国土地财政问题的相关政策建议。本书从明确政府间事权划分，增加地方政府财政收入分成比重，加大政府间财政转移支付力度，适时推进房产税改革，健全政府内部监管机制，建立公众外部监督机制，加强土地出让金收支管理等管理举措出发，总结并提出未来治理我国地方政府土地财政问题的具体建议。本书的发现能够精细化土地治理的路径，为未来治理土地财政提供更有操作性的建议。

目　　录

第一章 绪 论

第一节 研究背景与意义

一、现实背景

财政作为政府施政的最基本支撑，是影响政府行为最强有力的因素，是经济社会发展的关键枢纽[1]。预算作为财政制度最核心和最基础的组成部分，是组织使用最广泛的管理控制手段和最基本的财政政策工具[2,3]，其决定了政府内部资金走向和分配方式。西方发达国家近几十年来以预算为中心进行了一系列的财政制度改革，而这些改革的核心之一就是加强政府间的财政纪律和硬化预算约束[4-6]。

近年来围绕加强财政纪律建设，中国进行了一系列的财政管理体制改革，如收支两条线改革、国库集中支付制度改革、"金财工程"改革和政府采购制度改革，等等。不仅如此，中国共产党和国家领导人也曾多次强调财政纪律的重要性，胡锦涛总书记在中国共产党第十七次全国代表大会上明确提出要"深化预算制度改革，强化预算管理和监督"①。胡锦涛总书记在中国共产党第十八次全国代表大会上再次强调要"加强对政府全口径预算决算审查和监督"②。习近平总书记在中国共产党第十九次全国代表大会上明确提出要"建立全面规范透明、标准科学、约束有力的预算制度"，其中"标准科学、约束有力"更是首次被列为预算制度的目标③。

---

① "高举中国特色社会主义伟大旗帜，为夺取全面建设小康社会新胜利而奋斗"，胡锦涛，中国共产党第十七次全国代表大会报告，2007年10月15日。
② "坚定不移走中国特色社会主义道路，夺取中国特色社会主义新胜利"，胡锦涛，中国共产党第十八次全国代表大会报告，2012年11月8日。
③ "决胜全面建成小康社会，夺取新时代中国特色社会主义伟大胜利"，习近平，中国共产党第十九次全国代表大会报告，2017年10月28日。

土地财政作为中国经济转型时期特有的财政现象，一直是财政研究热点之一。1998年12月中华人民共和国国务院颁布《中华人民共和国土地管理法实施条例》中明确提出"市、县人民政府可以通过招标、拍卖方式提供国有建设用地使用权"，其赋予了地方政府通过出让土地获取财政收入的权利。土地作为地方政府可以自由掌握的资源，成为地方政府提高财政收入的主要来源之一。有数据显示，近二十年间中国地方政府土地出让的收入占政府预算总收入的比重持续稳定在50%左右（见图1-1）。地方政府这种财政收入依靠于土地出让的现象，被国内学者统称为"土地财政"。

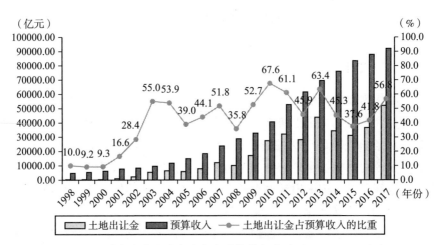

图1-1　地方政府土地出让金占预算收入比重（1998～2017年）

资料来源："1998～2017年地方土地出让金"数据来源于1999～2018年度的《中国国土资源统计年鉴》，"1998～2017年地方一般公共预算收入"数据来源于2018年《中国统计年鉴》。

随着中国经济发展过程中土地需求量的不断增大，土地财政不仅弥补了地方政府财政支出的不足，而且还保证了地方政府日常运转所必需的财政支出[7,8]。不仅如此，土地财政在促进地方政府财政收入的同时，还有力地推动了地区GDP的快速增长[9,10]。土地作为不可或缺的生产要素，更是成为影响中国经济快速增长的重要因素，在中国经济发展中发挥了巨大的作用[11]。但同时土地财政也引发了诸如房价飙升[12,13]、土地违法[14,15]、政府债务[16,17]等一些负面的问题。

为了遏制地方政府的土地财政及其所引发的一系列社会问题，中国开始不断加大对于土地管理的宏观调控力度。2005年3月，中华人民共和国国务院办公厅发布了《国务院办公厅关于切实稳定住房价格的通知》，其中要求"严格依照土地利用总体规划和城市总体规划，坚决制止城镇建设和房屋拆迁中存在的急功近利、盲目攀比和大拆大建行为"①。2006年3月，第十届全国人民代表大会第四次会议上通过的《国民经济和社会发展第十一个五年规划纲要》明确提出，"18亿亩耕地是未来五年一个具有法律效力的约束性指标，是不可逾越的一道红线"②。

2007年，温家宝总理作《政府工作报告》中提出"节约集约用地，一定要守住全国耕地不少于18亿亩这条红线"③。2008年1月3日，中华人民共和国国务院发布《国务院关于促进节约集约用地的通知》，明确要求"加强监管，节约用地，稳步推进农村集体建设用地节约集约利用"④。2010年3月10日，中华人民共和国国土资源部发布《国土资源部关于加强房地产用地供应和监管有关问题的通知》，其核心思想是整治"囤地""炒地"行为⑤。

2016年，中华人民共和国国土资源部印发了《国土资源"十三五"规划纲要》，确定了"十三五"时期的耕地保有量、基本农田保护面积、高标准农田及新增建设用地总量数量目标，提出"十三五"期间中国新增建设用地总量较"十二五"要减少669万亩⑥。2019年8月26日，第十三届全国人大常委会第十二次会议通过《中华人民共和国土地管理法》修正，新修正的《土地管理法》明确规定"国家实行永久基本农田保护制度，耕地根据土地利用总体规划划为永久基本农田，实行严格保护。"⑦这一系列政策的出台，体现了国家层面保护耕地、合理利用土地、加强财政约束、规范土地市场的决心。

土地作为城市财富和发展的重要资源，在国家治理体系中发挥着重要作用。然而，我国地方政府土地财政问题的产生有着比较复杂的原因，想要有效地治理土地财政问题，就必须深入剖析土地财政问题的形成机理和运行机制，梳理并分析土地财政问题的影响因素和实施效应，这样才有助于厘清"土地财政"问题，明确土地财政未来的转型和治理方向，为未来

---

① 《国务院办公厅关于切实稳定住房价格的通知》，国务院办公厅，2005年3月26日。
② 《中华人民共和国国民经济和社会发展第十一个五年规划纲要》，2006年3月14日。
③ 《2007年政府工作报告》，温家宝，2007年3月5日。
④ 《国务院关于促进节约集约用地的通知》，国务院，2008年1月3日。
⑤ 《国土资源部关于加强房地产用地供应和监管有关问题的通知》，国土资源部，2010年3月8日。
⑥ 《国土资源"十三五"规划纲要》，国土资源部，2016年4月12日。
⑦ 《中华人民共和国土地管理法》（2019年修正版），2019年8月26日，http：//www.npc.gov.cn/npc/c30834/201909/d1e6c1a1eec345eba23796c6e8473347.shtml。

推进土地利用高质量发展提供政策参考。

二、理论背景

(一) 政府软预算约束研究综述

亚诺什·科尔内 (Kornai) 在 1980 年出版的著作《短缺经济学》(*Economics of Shortage*) 中首创性地提出了软预算约束 (soft budget constraint) 的概念[18]。之后，大量研究国有企业经济行为的文献中开始引入软预算约束的概念，科尔内[19]、马斯金 (Maskin)[20] 等学者研究发现，在社会主义经济发展过程中，软预算约束是国有企业存在的一个普遍问题。随着软预算约束理论研究的不断深化，软预算约束问题的研究不再局限于社会主义经济，学者们也开始关注于资本主义经济中的软预算约束问题[21-23]。

虽然早期研究多以企业为对象来探讨软预算约束问题，但是近年来软预算约束的概念越来越多被用来探讨非营利机构的经济行为研究中来。俞建海以中国的高校为研究对象，探讨了中国高校软预算约束和超额贷款的诱因[24]。埃格尔斯顿 (Eggleston)[25]、哈根 (Hage)[26]、科尔内 (Kornai)[27] 等学者们都选择医院作为非营利机构的代表，探讨了医院组织软预算约束发生的机制、制度诱因和经济后果。

除非营利机构以外，政府的某些组织行为与软预算约束有着许多相似之处。因此，公共管理和社会学研究领域的学者们也尝试将软预算约束的概念引入政府财政行为的研究当中，尤其关注政府软预算约束产生的前因后果，以及软预算约束对政府财政行为的影响[28]。维格纳 (Vigneault) 基于德国、美国、加拿大等十三个国家的案例，剖析了地方政府软预算约束的形成机理[29]；日本经济学家土居和井堀利宏 (Doi & Ihori) 基于软预算约束理论，分析了日本地方政府债务形成的原因和机理；王慧玲基于中国的研究，从政府债务的角度，构建了地方政府软预算约束的影响因素模型[30]；刘雅灵从目标责任管理的角度，分析了中国地方政府软预算约束产生的原因，以及软预算约束与地方政府预算外收入间的关系[28]。

国内学者近年来也开始尝试运用软预算约束理论，解释和分析中国政府管理实践中的现实问题，如马骏[31]、王永钦等[32]、管治华和范宇翔[33] 对政府债务和财政风险问题的研究；周雪光[34]、方红生和张军[35]、叶贵仁[36]、赵永辉等[37] 学者对政府财政行为的研究；刘书祥和童光辉[38]、罗春梅[39] 对教育供给行为的影响，等等。总体来说，地方政府软预算约束已经成为国内外学者普遍关注的热点理论研究问题。但是国外学者对政府软预算约束问题的研究多从宏观的视角出发，研究政府整体软预算约束问题产生的肌理。国内学者虽然开始尝试某一特定问题的研究，但是研究才刚刚起步，研究的范围还比较繁杂，因此，该研究还具有很大的理论探讨的空间。

（二）中国土地财政研究综述

与其他转型期的国家相比，中国的土地改革是独一无二的，成为当前社会科学管理研究领域关注的重点问题，受到国内外学者的广泛关注[40]。从 20 世纪 90 年代初开始，持续不断地产生了大量基于中国情境下的研究。中国土地改革初期的研究，较多落脚于中国土地改革的具体操作和实施层面，如中国土地改革的进程[41-46]、土地评价系统和标准定价行为[47-50]、城市土地税收[51-53]以及一些具体省份实施土地改革的案例研究[54-59]。

谢清树[40]、邓峰[60]等学者认为，上述的研究发现虽然对理解中国的土地市场和城市化进程提供了非常有益的帮助，但是其仍然缺乏对于影响中国城市土地改革进程核心问题的分析。早期研究并不能较好地解释为什么中国的地方政府对于土地改革和土地出让具有如此之高的热情[61]。

因此，近十年来围绕中国土地改革的研究，大多关注于地方政府土地出让行为以及地方政府实施土地财政的前因后果展开。从现有地方政府土地财政前因研究的文献来看，国内外学者对于地方政府的土地财政以及土地出让行为的影响因素展开了丰富的研究。首先，已有文献对土地财政影响因素的研究较多从单一视角出发，探讨某一特定因素对土地财政的影响，如城市规模[62,63]、产业结构[64,65]、城市化发展[66-68]、财政分权[69-72]、政府竞争[73-75]等角度研究其对土地财政的影响。

随后，有少部分学者开始尝试从系统整体性的角度通过特定的理论来整合现有土地财政影响因素。邓祥征等学者基于城市空间区域扩展理论出发，从地方政府财政收入、人口数量、农业土地价值、运输成本、经济结构和其他区位和地理位置变量等多个方面分析了每个自变量对地方政府土地财政的影响[76]；张闫龙从政府创新扩散的理论视角出发，构建了地方政府采用和实施土地财政的影响因素模型，其研究从地方政府经济财政状况、财政依赖性、政治依赖性、上级压力、同级压力、社会舆论六个方面系统描述了其对土地财政的影响[77]。赵合云[78]和刘佳[79]等学者基于软预算约束理论，从财政分权、政治晋升和约束制度等方面的因素出发，系统构建了中国地方政府土地财政影响因素的理论模型。

相较于土地财政前因的研究，关于土地财政实施效果的研究相对缺乏，且关注的焦点较为纷繁。在这些有限的研究中，较为集中和热点的话题，是探讨土地财政对经济发展的影响，如部分学者关注于土地财政对地方政府GDP 和财政收入的影响[80-83]。此外，还有部分研究关注土地财政对地方政府管理过程中其他方面的影响，如关注土地财政对房屋价格的影响[84-87]、土地财政对区域创新的影响、土地财政对城镇化的影响等[91-93]。

（三）软预算约束与土地财政问题的研究综述

周飞舟分析土地征用和开发中的政府行为的研究发现，软预算约束和政府获取体制外资源的能力是影响转型期地方政府行为的重要因素，预算约束的软化驱使地方政府更加强有力地谋取各种体制外资源[94]；唐明在研究地方政府非正式财权时提出，地方政府的各种收费、负债和土地财政都是非正式财权的一种，地方政府通过这些非正式财权能够不断地获取财政资源，从而使得地方政府突破体制内预算约束的限制[95]。因此，从国内学者研究来看，土地财政可以说是地方政府软预算约束的表现形式之一。

刘锦运用"制度—行为分析法"分析地方政府土地财政行为发生的路径轨迹时，发现引发软预算约束的制度环境对土地财政的产生有着极为重要的解释意义，土地财政的发生离不开软预算约束的滋长[96]；赵合云运用规范研究的方法，从软预算约束的视角出发，初步给出了一个土地财政生成机制的分析框架，其认为现阶段中国的制度环境、激励机制和约束机制是土地财政问题产生的制度成因，这其中财政分权、官员政绩考核、信息披露机制是其中最关键的三个影响因素[78]。

刘佳和吴建南采用软预算约束理论，从财政分权制度、政治晋升制度和社会发展因素三个方面，系统构建了中国地方政府土地财政影响因素的理论模型，并采用2003~2007 年中国257 个地市级政府的面板数据实证验证了该理论模型[79]。从上述的研究可以看出，已有学者开始尝试从软预算约束的理论视角，分析中国土地财政发生的影响肌理。

（四）已有研究述评

首先，现有国外学者对政府软预算约束问题的研究多从宏观视角出发，研究政府整体软预算约束问题产生的机理，而非特定领域的软预算约束现象。国内学者虽然开始尝试运用软预算约束理论解释地方政府特定的财政行为，但是其多为规范的研究，缺乏基于大样本的实证研究，而且针对地方政府土地财政的研究尚不多见。

其次，现有研究针对土地财政前因的研究较多从特定视角展开探讨单因素的影响，而将上述因素通盘考虑的系统研究并不多见。系统性分析框架的缺失使得目前对于地方政府土地财政前因的解释难以尽如人意，也无法进一步满足实践者的需要。由此可见，基于特定的理论视角并构建一个整合性的理论框架，是推进土地财政前因后果研究的关键路径之一。而且土地财政后果的研究，更多关注的是其财政效应，缺乏对于其他影响后果的讨论。尤其是在新公共管理运功蓬勃发展、倡导服务导向的理论指导下，探讨土地财政与公共服务绩效的需求尤为突出。

同时，程睿娴和李妍的综述认为，现有研究更多采用规范研究和定性研究的方式对其前因后果进行分析，缺乏基于大样本的实证研究[97]。总体来说，土地财政已经成为国内外学者普遍关注的热点理论研究问题，但是国内外学者对于地方政府土地财政的研究才刚刚开始，尤其是对土地财政前因后果的研究主要集中在近几年，因此，该研究还具有很大的理论探讨的空间。

最后，通过上述的文献综述可以发现，虽然地方政府软预算约束问题和土地财政问题的研究是地方政府管理研究的重要方向，吸引了大批学者的关注并积累了大量研究文献。但是对于这两种研究问题的融合和交叉，即在软预算约束视角下分析土地财政问题发生的肌理和路径的研究，现有学者关注的较少，相关文献较少，有关的实证研究更是屈指可数。

在软预算约束视角下探讨地方政府土地财政问题的研究才处于刚刚起步的阶段，仍然是一个相对崭新的研究领域，还有许多方面需要探索。但是，现有研究为研究地方政府的土地财政问题提供了一个很好的理论视角，也启发了我们后续的研究。因此，本书将延续前人的研究，立足于软预算约束的理论视角，分析中国地方政府土地财政问题发生的前因后果。

三、研究意义

(一) 实践意义

地方政府土地财政问题不仅是诸多政治、经济、社会问题的焦点，更是国家体制改革下的重要议题，对这一问题背后隐含的深刻理论含义进行深入研究与剖析，具有重要的理论与现实意义。本书的实践意义在于，本书结论能够进一步解释地方政府土地财政的发生机理和实施效果，从而为有效识别土地财政的关键影响因素及发生过程，寻求改进政府土地治理绩效提供解决依据，并有助于进一步理解我国地方政府的土地财政问题，为完善和治理地方政府土地财政问题作出贡献。

同时，本书有助于我们进一步理解地方政府的软预算约束问题，以及土地财政的发生机理，有助于我们重新审视和反思地方政府的土地财政，并为地方政府土地财政理论研究的完善和发展提供实证证据。而且，本书还发现东部地区和西部地区土地财政的形成原因具有显著差异，该发现能够精细化土地治理的路径，为未来治理土地财政提供更有操作性的建议。

（二）理论意义

地方政府土地财政问题是学界的热点议题之一，然而针对地方政府土地财政的研究多为某个理论指导下的片面考察，少有整合多个影响因素的系统理论和研究视角。土地财政研究领域的当务之急是发展一个更加包容性和整合性的理论框架，对地方政府的土地财政进行更加全面和深入的考察和解释。本书是国内较早从软预算约束视角探讨地方政府土地财政问题的实证研究，这在一定程度上拓展了软预算约束和土地财政领域的研究。

本书的理论意义在于基于软预算约束理论视角，构建一个"制度—行为—绩效"互动的因果关系路径模型，探讨中国地方政府土地财政问题的前因后果，并通过实证分析的方法探讨地方政府土地财政问题的关键影响因素及其实施效果。本书借鉴和整合了多学科的基础理论和研究方法，是在深度上对现有研究的有力补充。

本书能够有效将现实问题提炼与提升至理论研究层面，在分析中既注重理论与现实现象的衔接，又注重寻找现象背后的理论深意及其影响逻辑，具有一定的学术创新性。同时，本书借助搜集整理的二手数据对所提假设进行了实证验证，以定量方法、实证研究探索这一重大现实与理论问题的规律与化解。基于实证检验有的放矢的凝练出未来治理土地财政的相关政策建议，对现实管理改革具有重要的现实指导意义。

第二节　土地财政的概念

一、土地

土地是土地管理相关研究中最基本也是最核心的概念，但因土地具有环境、经济、社会、精神等多重属性，因此，学者们对于"土地"一词概念的界定众说纷纭。总体而言，学者们对于土地的概念有狭义和广义两种界定方式[98]：狭义的概念是指土地仅为地球表面的陆地部分；广义的概念则认为土地是包括地球特定地域表面及以上和以下的大气、土壤及基础地质、水文和植物。它还包括这一地域范围内过去和现在的人类活动的种种结果，以及它们对目前和未来人类利用土地所施加的重要影响。土地的狭义概念多为环境规划和地理学的研究所采用，土地的广义概念则更多为经济学的研究所采用[99]。

1976 年联合国粮农组织（Food and Agriculture Organization，FAO）为了标准化世界各国土地评价的标准，在编写其《土地评价纲要》（*Framework for Land Evaluation*）时，基于土地的广义概念，对土地的概念进行了进一步的完善。《土地评价纲要》中认为，"土地是比土壤更为广泛的概念，它包括影响土地用途潜力的自然环境，如气候、地貌、土壤、水文与植被，还包括过去和现在的人类活动的结果①。"FAO 对土地的这一概念界定被现有大多数理论研究和管理实践所采用，尤其是世界各国现阶段对土地的管理和评级都遵循 FAO 给出的定义和标准。因此，本书也将采用和延续 FAO 对于土地概念的界定，认为土地是包含地貌、土壤、水文与植被等各种自然要素的综合体，并会受到人类活动的影响。

二、土地出让

土地出让对应的英文词汇为"land lease"，即土地租赁。在国外的研究文献中没有严格区分土地出让和土地租赁的概念，其统一使用 land lease 表述。国外对于土地租赁的定义为：麦克斯维尔和韦别（Maxwell & Wiebe）认为土地租赁是一种租赁协议，其允许租户以租金交换的方式换取土地所有人拥有土地使用权的行为；朱介鸣认为，作为新兴市场经济的补充，土地租赁是合法化的，其本质是开发商或用户在一次性付给国家租金后，其在一段固定的时间内具有土地的使用权[100]；斯兰格和波尔曼（Slangen & Polman）认为，土地租赁是土地财产权从土地的所有人转移到租户的自愿交易，同时土地财产权在土地交易中的转移是以合同协议的形式完成的[101]。

中国《土地管理法实施条例》第 29 条中明确规定："土地出让、土地租赁和土地作价出资或入股是国有土地有偿使用的三种重要方式。②"这说明，在中国，土地出让和土地租赁是并列的概念，都是国有土地有偿使用的方式。殷琳认为，两者之间的差异主要有：所处的土地市场不同；法律关系不同；以及土地使用者的权益不同[102]。但也有学者认为，在中国现实的管理实践中，土地出让和土地租赁两种方式并无实质的差异[103]。在本书中，我们不严格区分两者之间的差别，将土地出让界定为土地有偿

---

① Framework for Land Evaluation, Food and Agriculture Organization of the United Nations, Rome, Italy, 1976.

② 《中华人民共和国土地管理法实施条例》，国务院令第 256 号，国务院办公室，1998 年 12 月 24 日。

使用的一种方式，具体指开发商或租户通过支付租金，从土地使用者手中获取土地在一段固定时间内使用权的行为。

三、土地财政

财政体系是理解社会和政治变化的关键，国家汲取财政收入和运用财政收入的方式会对经济组织、社会结构、精神文化甚至与国家命运产生影响，因此近年来很多研究学者都致力于从财政收入制度和收入结构入手，探讨国家构建和政府运行方式[104]。这类研究源于熊彼特（Schumpeter）1918 年的研究，熊彼特在其发表的《税收国家的危机》中提出了"税收国家"（tax state）的概念，其指出税收国家的财政收入主要来源于私人部门缴纳的税收，因此，其财政模式是税收型的财政模式[105]。莫雷（Moore）在熊彼特研究的基础上又提出了租金国家（rent state）的概念，认为租金国家是指国家财政收入主要依靠国家垄断的自然资源出口而获取的租金，其财政模式是一种租金型的财政[106]。随后，学者们根据国家财政收入汲取的主要来源对国家进行了分类，将国家财政分为了税收型财政、家财型财政、公债型财政和租金型财政等不同形式[107]。

土地财政（land finance）是中国学者近年来基于现实的土地管理实践所提出的学术概念，国外的研究中并不存在中国语境下的土地财政概念，本书很难直接借鉴国外学者的相关概念界定。因此，本书拟借鉴上述理论对国家财政的界定方式，将土地财政界定为土地型财政模式，即政府的财政收入主要来源于其土地出让的收入。国内有很多研究学者也从这一角度出发对土地财政的概念进行了界定：曹广忠等认为，土地财政就是地方政府通过土地出让来换取财政收入的行为[108]。董再平认为，土地财政是指地方政府的财政收入主要依靠土地运作来增加[109]。邵绘春认为，土地财政是指地方政府的财政收入主要依靠土地的运作来增加收入[110]。周飞舟认为，土地财政是地方政府通过土地征用和出让来寻找财政收入的行为[111]。

除此之外，国内还有很多学者认为，土地财政是一个贬义的概念[112]，牛梅认为，土地财政是一些地方政府财政收入来源过度依赖房地产收入的情形[113]；易凌认为，土地财政是地方政府过度依赖土地所带来的相关税费和融资收入的非正常现象[114]；冯兴元认为，土地财政是指地方政府依靠征收、储备和出售土地及其他进一步"土地滚动开发"手段获得财政收入和其他城市经营所得[115]。本书认为，上述对于土地财政概念的贬义化界定，是一种狭义的定义。而在本书中土地财政的概念是中性的词汇，其是一种广义的定义。

第三节　研究内容与创新点

一、研究内容

本书旨在基于软预算约束理论探讨地方政府土地财政问题的前因后果，以期识别影响乃至决定地方政府土地财政的关键因素，以及探寻地方政府实施土地财政的可能效应。如前所述，本书将基于软预算约束理论构建一个系统性理论框架对地方政府土地财政的前因后果进行理论分析，并选取中国地市级政府作为研究对象，对本书提出的理论框架进行实证检验。本书的具体内容包括如下七个方面。

第一，本书回顾了以往土地财政的相关研究，从土地财政的影响因素和实施效用两个方面总结了以往研究的关键发现，为之后的理论研究奠定了基础。

第二，本书在回顾软预算约束理论研究的基础上，从软预算约束的视角识别了影响地方政府土地财政的关键影响因素，以及土地财政对于地方政府经济发展和公共服务绩效的影响机制，构建了"制度—行为—绩效"的土地财政前因后果影响关系分析框架。

第三，构建了财政分权背景下转移支付与土地财政的影响关系模型，采用地市级面板数据对三者之间的关系进行实证分析，并进行了稳健性检验，验证了财政分权、转移支付对于土地财政的影响关系。

第四，构建了土地监管、预算管理与土地财政的影响关系模型，采用地市级面板数据对三者之间的关系进行实证分析，并进行了稳健性检验，验证了土地监管、预算管理对于土地财政的影响关系。

第五，构建了土地财政与地区经济发展的影响关系模型，并采用地市级面板数据验证了土地财政与地方政府短期和长期经济发展之间的影响关系，并进行稳健性检验。

第六，构建了土地财政与地方政府公共服务绩效的影响关系模型，并采用地市级面板数据验证了土地财政与地方政府公共服务绩效的影响关系，并进行稳健性检验。

第七，总结本书的研究发现，并根据研究结论分别讨论以上研究发现，对于丰富土地管理研究和软预算约束研究的理论意义，并提出未来治理土地财政问题的政策建议。

二、章节安排

在上述研究内容的指导下，本书主要从理论解析、实证检验和政策建议三个方面展开，共分为十章。本书的结构安排如下。

第一章，绪论。对研究的背景与意义、核心概念、研究方法及内容安排进行了概述。

第二章，土地财政问题研究回顾。首先，对土地财政相关研究的整体状况进行了整理，凝练了土地财政研究的关键议题；其次，总结了现有研究对于土地财政影响因素的几类不同的学说；再次，总结了现有研究对于土地财政实施效果的不同研究发现；最后，对现有研究进行了评述，凝练出未来研究的关键问题。

第三章，地方政府软预算约束的理论脉络。首先，对企业研究中的软预算约束的概念进行了界定，并回顾了软预算约束理论的内容；其次，介绍了软预算约束理论在地方政府研究中的发展脉络和研究重点；再次，从软预算约束的成因和效果出发，梳理了软预算约束产生的原因和实施效果；最后，分析总结了现有研究的优点和不足，为本书进一步的研究指明了方向。

第四章，地方政府土地财政的制度背景和理论解析。首先，对中国改革开放四十年以来的土地管理制度的变迁进行了梳理，总结了中国土地制度改革的发展脉络；其次，总结了土地出让制度的由来，分析了中国土地出让的特点；再次，梳理了土地出让金改革的历史演变，总结了土地出让金管理的模式特点；最后，在分析地方政府土地财政与软预算约束关系的基础上，基于软预算约束理论剖析了地方政府土地财政的关键影响因素和其实施效果，构建了本书的理论分析框架。

第五章，研究设计。首先，介绍了本书选取的研究对象，并详细介绍了样本的抽样方式和数据收集过程；其次，对研究采用的假设检验方法进行了具体介绍，并介绍了分组回归、调节效应和稳健性分析的具体实现步骤。

第六章，财政分权背景下转移支付与土地财政的实证研究。首先，分析了财政分权、转移支付与土地财政间的关系，构建了理论模型并提出了研究假设；其次，采用实证分析方法对本书的研究假设进行了检验，分别对自变量的主效应以及调节变量的调节效应进行检验，给出了本书研究假设验证情况；最后，根据实证研究结果，分别从理论和实践两个角度对研究结果进行了讨论。

第七章，土地监管与土地财政的实证研究。首先，分析了政府监管、预算管理、财政透明与土地财政关系的基础上，构建了理论模型，并提出了研究假设；其次，采用实证分析方法对本书的研究假设进行了检验，分别对自变量的主效应以及调节变量的调节效应进行检验，给出了本书研究假设验证情况；最后，根据实证研究结果，分别从理论和实践两个角度对研究结果进行了讨论。

第八章，土地财政与地区经济发展的实证研究。首先，在分析土地财政与地区经济发展影响关系的基础上，构建了理论模型，并提出了研究假设；其次，采用实证分析方法对本书的研究假设进行了检验，给出了本书研究假设验证情况；最后，根据实证研究结果，分别从理论和实践两个角度对研究结果进行了讨论。

第九章，土地财政与地区公共服务的实证研究。首先，在分析土地财政与地方政府公共服务绩效影响关系的基础上，构建了理论模型，并提出了研究假设；其次，采用实证分析方法对本书的研究假设进行了检验，给出了本书研究假设验证情况；最后，根据实证研究结果，分别从理论和实践两个角度对研究结果进行了讨论。

第十章，研究结论和治理对策。总结了本书的研究发现，并在凝练关键发现的基础上，提出了未来中国治理土地财政问题的相关政策建议。

三、研究创新点

第一，本书是国内较早从软预算约束的视角探讨地方政府土地财政问题的实证研究。在以往的研究中，地方政府土地财政的影响因素是较为零散的，较为缺乏采用系统理论框架整体上解释地方政府土地财政发生的机理及作用效果。因此，本书借鉴了企业传统的软预算约束理论，在对比分析地方政府土地财政行为和政府软预算约束问题关联的基础上，从地方政府软预算约束的影响因素和效果的角度出发，探讨地方政府土地财政的前因后果，并采用面板数据固定效应和随机效应分析，调节作用模型，分组回归分析等多种统计技术对本书提出的理论假设进行了统计验证。本书在一定程度上拓展了地方政府软预算约束和土地财政领域的研究，为寻找地方政府土地财政的原因和实施效果的探讨提供了基础，进而为未来中国宏观调控地方政府的土地财政问题提供政策依据。

第二，本书在探讨地方政府土地财政运行机制的基础上，构建一个"制度""行为"与"绩效"互动的地方政府土地财政行为因果关系模型。本书的实证发现，地方政府的制度设计影响了地方政府的土地财政行为，同时地方政府的土地财政行为又对政府绩效起到了显著的影响作用。因此，本书提出的"制度—行为—绩效"的影响路径模型，可能是本书重要的理论贡献之一，这也启示我们应该进一步关注组织在面对不同的制度设计时可能进行的行为选择，以及政府组织特定的行为选择对地区经济和公共服务绩效产生的影响。

第三，在现有研究中，学者们提出财政分权是土地财政问题发生的根本原因之一。然而，现有研究较少区分财政收入分权和支出分权对土地财政的影响关系，且较少探讨转移支付对土地财政的影响。本书立足于地市级政府大样本数据的实证验证，研究发现，财政收入分权并不是直接引起地方政府土地财政的根本原因，财政支出分权才是土地财政的关键影响因素。同时，本书还发现，财政转移支付与土地财政之间呈现显著负相关关系，政府间转移支付力度的加大有利于缓解土地财政问题。本书弥补和拓展了现有财政分权理论与地方政府土地财政的相关研究，更加深刻地揭示了财政分权背景下转移支付制度对土地财政影响的内在机理。

第四，在以往土地财政的研究中，很少有学者关注土地监管对于土地财政的影响，本书采用实证的方法将自上而下的监管和自下而上的监管相结合，分析了两条不同的监管模式对于土地财政问题的影响关系。本书发现，中央政府监管与土地财政之间呈现显著的负相关关系，且这一结论具有稳健性。研究结果能够进一步证实中央不断加大对地方政府土地出让行为的监管力度，是能够有效地缓解地方政府土地财政问题。同时本书还发现，预算管理对于政府监管和土地财政之间的负向关系具有显著的正向调节作用，其能增强政府监管对土地财政的缓解作用。本书的发现能够有效弥补以往土地监管研究的不足，进一步丰满土地财政影响因素的研究。

第五，在已有相关研究中，虽然地方政府土地财政对经济发展的影响关系学者们的认识比较一致，但是研究多关注土地财政对地区经济发展的短期影响，较少对经济发展长期影响关系的探讨。本书采用实证研究方法分别验证了土地财政对地区经济发展短期效应以及长期效应的影响，为进一步理解土地财政的经济效用提供了理论参考。研究发现，土地财政对地区短期经济发展有显著的正向影响，但是这一影响关系并不是立竿见影的，其具有较长时间的延迟效应的。同时本书还发现，土地财政与地区三年平均 GDP 增长率和五年 GDP 增长率均没有显著的影响关系。这说明土地财政对经济发展的影响只是短暂局部影响，并不能从整体上持续促进区域经济发展。本书有助于深入理解土地财政的经济效应，为全面评估土地财政的实施效果提供证据。

第六，在现有研究中，学者更多关注于土地财政的经济效应，很少关注于对地方政府公共服务的影响，更未见从政府公共服务绩效的角度探讨两者之间的关系。本书实证分析了土地财政对于公共服务绩效的影响，实证研究发现地方政府的土地财政于公共服务绩效之间具有显著的"U"型关系，这说明中国地方政府的土地财政对于公共服务的提供而言，具有先抑后扬的作用。本书的结论能够有助于我们进一步理解土地财政的实施效果，弥补了当前研究仅关注土地财政与地区经济发展之间关系的不足，更多的是从社会公众的立场和诉求出发，探讨土地财政对于地方政府公共服务绩效的影响。同时，本书的发现能够有效拓展以往土地财政实施效果关系的研究，进一步提升对于土地财政实施效果的认识，为今后治理地方政府的土地财政提供理论指导。

第二章　土地财政问题研究回顾

第一节　国内土地财政问题的研究脉络

一、数据来源与研究方法

为方便获取研究所需的数据并保证获得的数据量能真实地反映研究现状，本书选择连续动态更新的中国学术期刊网络出版总库作为统计源。按照中国期刊网（CNKI）–中国学术期刊网络出版总库–核心期刊路径进行检索，以"土地财政"为主题词进行检索，来源类别为核心期刊，时间范围为2008～2016年。依据科学研究文献、经验介绍文章对检索得到的文献进行去重与合并，最终有819篇文献符合研究要求。

本书采用社会网络分析法对中国国内土地财政问题的研究脉络进行梳理。社会网络分析法主要是通过对关键词进行共词分析得到分析结论，因此，首先要弄清关键词、共词分析这两个重要概念[116]。关键词是学者或实践者进行文献检索的重要标识，也是表达文献主题概念的自然语言词汇，"共词（co – words）现象"是指关键词常常会出现在同一篇期刊中的现象[117]。通常在同一篇文献中出现两个或两个以上能反映文献研究主题或方向的关键词，则说明这些关键词存在一定的内在关系（relation）[118]。共词分析则是对关键词共词现象分析研究所采取的方法，其基本分析思路是：第一，在同一篇文献中根据所选主题统计若干关键词、组出现的次数；第二，运用关键词组分析方法分析，统计的关键词组之间的亲疏关系；第三，基于分析结果，找出与研究主题或方向相一致的研究热点，总结归纳研究主题或方向的研究现状及发展趋势。

由此可见：共词分析关键是找出两个或两个以上关键词之间的特定联系。社会网络分析方法作为一种社会学量化研究方法，常常被用来分社会行动者以及社会行动者之间的关系[119]，通过对构建的接触、关联、联络等方面的关系数据分析，来反映这些关系数据之间存在的联系，目前在社会学、心理学、教育学、数学等领域的图书文献管理、知识管理、数据挖掘等方面得到较为广泛的应用。可见，社会网络分析法具有很好的适用性、规范性和科学性，可以作为共词分析工具，来找出两个或两个关键词之间的关系。

具体步骤为：第一，确定研究主题或方向的所有文献，并将文献中所有关键词组合构成一个关键词网络；第二，将文献中的每个关键词作为网络节点（node）[119]，并计算这些点在网络中是否同时出现以及出现的频率；第三，根据网络计算规律或原则，确定频率较高关键词以及与其他关键词之间的关系，找出研究主题或方向的研究热点。笔者基于对已有土地财政文献中的关键词进行分析，应用社会网络分析法可系统地了解土地财政相关研究主题或具体研究方向的成熟度、知识结构和研究规模，为后续深化或拓展相关研究奠定基础。

二、学术关注度

土地财政研究文献时间上的分布在一定程度上可以反映学者对这一研究问题的学术关注程度，也能体现该研究的发展速度和不同发展阶段。由土地财政研究文献的年度分布图（见图 2－1）可以看出，2008～2016 年九年期间，土地财政研究呈现波浪式上升趋势，该趋势符合普赖斯在 1961 年提出的文献增长的曲线规律。

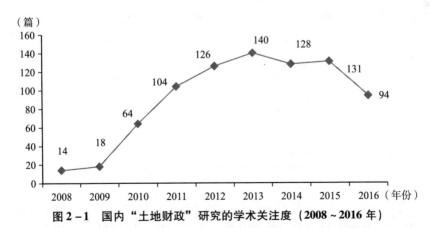

图 2－1　国内"土地财政"研究的学术关注度（2008～2016 年）

资料来源：在中国期刊网（CNKI）－中国学术期刊网络出版总库－核心期刊路径进行检索，以"土地财政"为主题词进行检索，来源类别为核心期刊，时间范围为 2008～2016 年。

根据普赖斯提出的指数增长规律，结合土地财政研究年度分布数量，可以将土地财政研究划分为三个阶段：第一阶段是 2009 年以前的土地财政研究初始阶段，这一阶段土地财政研究刚刚起步，学者们关注较少，研究文献数量增长缓慢；第二阶段是 2009～2012 年的土地财政研究快速发展阶段，这一阶段土地财政研究的发展呈井喷式增长，研究文献年度数量较之前增长了近十倍之多，这也说明土地财政研究的学术关注度显著提升；第三阶段是 2012～2016 年的土地财政研究稳定阶段，这一阶段土地财政研究的数量基本保持稳定，每年研究文献在 130 篇左右，这也说明到该阶段土地财政的研究基本成熟，研究从单纯的数量增长转向了研究质量的提升。需要说明的是，虽然 2016 年研究出现了大幅下降，但因为 2017 年数据缺失，所以笔者没有贸然将其划分为第四个阶段。

三、学术影响力

研究主题的学术影响力可以用文献被引频次来衡量，被引频次反映学者学术质量及在该领域的影响力。以第一作者作为统计标准，2008～2016 年，发表文章数量超过 5 篇的仅有 5 位学者（见表 2－1）。研究显示，排在前五名的学者发表的文献数量最少有 5 篇，最多为 22 篇，合计 55 篇，占总文献的 6.97%。其中文章发表篇数最多的前两位学者是顾书桂（22 篇）和王玉波（13 篇），分别占 2.79% 和 1.65%。绝大多数学者仅发表了 1 篇文章。

表 2－1   2008～2016 年土地财政研究作者发文数量排名

序号	作者	发文数量	单位
1	顾书桂	22	上海社会科学院
2	王玉波	13	东北大学文法学院
3	李勇刚	8	安徽财经大学
4	陈志勇	7	中南财经政法大学
5	杨志安	5	辽宁大学

为进一步寻找土地财政研究的重要文献和关键作者，本书对数据库中 789 篇文献的被引情况进行统计分析。为得到统一口径的引用频数，本书采用知网提供的被引用频数，引用频数数据的搜集时间是 2017 年 7 月。从表 2－2 中可知，中国土地财政研究中的最关键的十篇文献和最关键的

作者。其中，土地财政研究文献中被引频次超过200次仅有2篇，其余8篇文献的被引频次在100～200次之间。在这10篇文献中学者周飞舟贡献了2篇，其余作者均贡献了1篇。从以上的分析可以发现，虽然中国土地财政问题的研究在数量上有了突飞猛进的发展，但研究的学术影响力方面亟待推进。

表2-2　　　2008～2016年土地财政研究文献被引用频数排名

序号	题目	杂志	引用率	作者
1	财政分权、地方政府竞争与土地财政	财贸经济	236	吴群、李永乐
2	中国土地财政与经济增长——基于省际面板数据的分析	财贸经济	204	杜雪君、黄忠华、吴次芳
3	城市化、财政扩张与经济增长	经济研究	188	张平、刘霞辉
4	大兴土木：土地财政与地方政府行为	经济社会体制比较	187	周飞舟
5	"土地财政"：缘由与出路	财政研究	177	陈志勇、陈莉莉
6	"土地财政"与房地产价格上涨：理论分析和实证研究	财贸经济	160	周彬、杜两省
7	土地财政与分税制：一个实证解释	中国社会科学	159	孙秀林、周飞舟
8	中国尚未完成之转型中的土地制度改革：挑战与出路	国际经济评论	151	陶然、汪晖
9	财政激励、晋升激励与地方官员的土地出让行为	中国工业经济	151	张莉、王贤彬、徐现祥
10	财政幻觉下的中国土地财政——一个法经济学视角	南开学报（哲学社会科学版）	139	陈国富、卿志琼

四、学术发表平台

通过对来源期刊发表论文数量的统计分析以揭示土地财政研究领域论文的空间分布特点，进而确定该研究领域的核心期刊。在2008～2016年，发表论文数量排名前十的期刊如表2-3所示，发表论文数量最多的是《财政研究》，发表论文30篇。论文发表量前十名的期刊共发表论文192篇，占到数据库论文数量近1/4。此外，还可以看出土地财政研究领域的论文多发表在经济类的期刊，前十名的期刊中经济类的期刊占到了七成之多。其次是城市发展类的期刊，共有两本。专门进行土地管理制度研究的期刊仅一本，这表明现在对于土地财政的研究多是从财政管理视角出发，缺乏从城市治理、土地制度等多元视角进行分析。

表 2 - 3   2008～2016 年土地财政研究文献发表期刊排名

序号	期刊	发文数量	序号	期刊	发文数量
1	财政研究	30	6	经济体制改革	17
2	中国土地科学	26	7	财贸经济	16
3	经济研究参考	23	8	城市规划	15
4	城市发展研究	20	9	财经问题研究	14
5	现代经济探讨	18	10	税务研究	13

五、学术热点议题

（一）研究的高频关键词

为了避免关键词命名不规范等问题，采取如下处理方式：首先，合并一些基本同义的关键词，如将"保障房"和"保障性住房"合并为"保障房"；"博弈"和"博弈行为"合并为"博弈"；"城市空间扩张""城市空间增长"合并为"城市扩张"；"城乡居民收入差距""城乡收入差距"合并为"城乡收入差距"；"地方债""地方债务"合并为"地方债务"；"地方政府融资平台"和"地方政府投融资平台"合并为"地方政府融资平台"；"房价""房地产价格"和"房价水平"合并为"房价"；"科学发展""可持续性发展""可持续性""可持续性增长"合并为"可持续性发展"；"农村集体建设用地""农村集体土地"和"农村建设用地"合并为"农村建设用地"；"收益分配""收入分配"合并为"收入分配"，等等。

其次，根据研究内容，删除一些不相关、无领域专指度的词汇，如"对策建议""启示""成因""机制""作用机理"和"影响"，等等。去重后总共为 2905 个关键词，每篇文献约为 3.68 个，符合当前期刊文献对关键词数量的要求。

最后，本书运用社会网络分析软件 Ucinet 6.0 进行数据分析。首先，将土地财政文献中提取的关键词以 Excel 文档保存，并按关键词出现的频次进行排序。其次，为保证分析结果信效度，最终确定选择出现频次≥4次的关键词作为研究对象，具体结果如表 2 - 4 所示。

表 2 - 4　　　　　　　　　　　土地财政研究领域的高频关键词

序号	关键词	频次	序号	关键词	频次	序号	关键词	频次
1	土地财政	378	26	土地市场	10	51	经济发展	6
2	城镇化	74	27	土地管理	9	52	城市扩张	6
3	地方政府行为	71	28	收入分配	9	53	集体土地	5
4	房价	49	29	公共财政	8	54	基础设施	5
5	土地收入	46	30	国有土地	8	55	城乡收入差距	5
6	房产税	40	31	制度安排	8	56	宏观经济	5
7	经济增长	39	32	债务风险	7	57	宏观调控	5
8	分税制	37	33	财政体制	7	58	税收	5
9	城市化	36	34	博弈	7	59	公共服务	5
10	土地出让制度	33	35	土地税	7	60	中央与地方关系	5
11	财政分权	32	36	制度变迁	7	61	房地产泡沫	4
12	地方政府债务	23	37	地方政府竞争	7	62	地价	4
13	房地产市场	23	38	物业税	7	63	逆向软预算约束	4
14	土地出让	18	39	晋升激励	6	64	农地流失	4
15	土地经济	18	40	工业化	6	65	制度环境	4
16	财税体制	13	41	耕地保护	6	66	政府主导	4
17	住房保障	15	42	小产权房	6	67	政府失灵	4
18	房地产调控	14	43	土地供给	6	68	征地制度	4
19	地方政府融资平台	12	44	土地财政依赖	6	69	土地资本化	4
20	城乡一体化	11	45	转移支付	6	70	增减挂钩	4
21	产业结构	10	46	治理	6	71	城乡二元结构	4
22	转型	10	47	土地违法	6	72	户籍制度	4
23	可持续发展	10	48	农村建设用地	6	73	财产税	4
24	地域差异	10	49	制度创新	6			
25	土地征收	10	50	政绩考核	6			

（二）高频词的社会网络图

为直观地反映土地财政文献中关键词之间的关系及特征，运用 Ucinet 6.0 绘制土地财政社群图（也即土地财政关键词网络），如图 2 - 2 所示。其中的圆点为高频关键词，圆点越大表示其点度中心度（point centrality）就越大，双箭头为 2 个关键词在同一篇文献出现；由图 2 - 2 可以看出，

"土地财政""农村建设用地""土地收入""财税体制""地方政府行为""土地市场"和"地方政府竞争"等的圆点比较大，表示这些圆点处于社群图的中心位置。而"户籍制度""基础设施""土地违法""制度环境"等圆点属于网络的边缘点，关系相对较少，在网络图中显得比较孤立。因此，从社群图中可较为直观地反映位于网络中心位置的议题是当前土地财政研究中学者关注的重点议题，位于网络边缘位置的议题是有待进一步研究的内容。

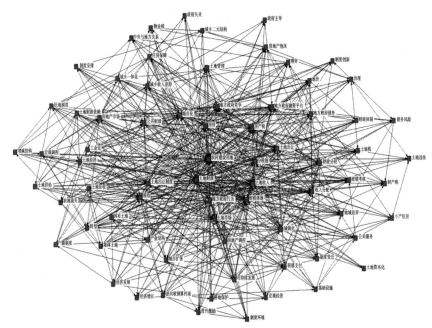

图 2－2　土地财政高频词社会网络关系

　　社群图只能定性地描述土地财政文献中高频关键词相互之间的关系，网络密度作为可反映社群图各个网络节点之间的紧密程度，取值为 [0，1]，取值越大，表明该网络的密度越大[119]。其运用 Ucinet 6.0 计算可得社群图的网络密度＝0.1366，标准差为 0.3434，社群图中各节点的平均距离为 2.28，超过了距离要求的 2，建立在距离之上的凝聚力指数为 0.501；根据公式 $\begin{bmatrix} n \\ 2 \end{bmatrix} = \dfrac{P_{2,n}}{2!} = \dfrac{n!}{2!\,(n-2)!}$ 可得该社群图各网络节点理论上存在 2628 个关系，但实际上只有大约 674 个关系。因此，综合上述两方面分析结果可知，土地财政高频词社会网络关系的网络密度较低，关键词大多未建立联系，这说明当前土地财政研究的整体性、系统性不强，研究的深度和广度仍有待提升。

（三）高频次的网络中心度分析

中心性作为社会网络分析的又一主要测量指标，主要反映关键词在整个网络中的地位，若关键词在网络中处于中心位置，表明其越可能成为本书研究的重点领域。根据计算方法的不同，中心性分为度数中心度、中间中心度、接近中心度以及特征根向量四个主要测度[119]。土地财政高频关键词网络的中心性分析结果如表2-5所示。

度数中心度用来反映某个关键词与其他关键词是否共同出现在文献中，如财税体制的度数中心度为39，表明财税体制作为关键词在土地财政关键词网络中与至少39个关键词同时出现在同一篇文献中。由表2-5可以看出，"农村建设用地""土地财政""财税体制""土地收入""地方政府行为""土地市场""土地出让制度""城市化""分税制"和"房产税"等十一个关键词的度数中心度超过了30，表明这些关键词所代表的研究领域处于网络中心位置，在网络中的交流过程也比较活跃，是主题研究中的热点或重点领域。

中间中心度主要反映关键词网络某个关键词作为其他关键词之间的桥梁作用，其表明某个关键词能影响其他关键词共同出现在一篇期刊论文中的能力。由表2-5中可以看出，"土地收入""城市化""土地财政""农村建设用地""房产税""土地出让制度""财税体制""土地市场""税收"和"分税制"九个关键词的中间中心度较大，表明在当前土地财政研究中，这九个关键词能发挥桥梁作用，保证了土地财政关键词网络的相互连接。

接近中心度反映某个关键词能否通过较短路径与其他关键词相连，表明某个关键词与其他关键词共同出现的几率。接近中心度越小，表明该关键词在传递信息时越少依赖其他点，传递信息就越容易，因而越可能居于网络中心。从表2-5可以看出，"土地财政""地方政府行为""土地管理""土地收入""地方政府竞争""房产税"和"城市化"等关键词的接近中心度较小，在网络中处于比较核心位置。

特征根向量用来反映关键词中心性和网络中心势的标准化程度，旨在找出构建社群图网络的中心关键词，特征根向量值越大，表该关键词在网络中越处于核心位置。"土地财政""农村建设用地""财税体制""土地收入""地方政府行为"等变量的特征根值较大，处于网络的核心位置。

表2-5

土地财政高频关键词的中心性分析

序号	关键词	度数中心度	中间中心度	接近中心度	特征根向量	序号	关键词	度数中心度	中间中心度	接近中心度	特征根向量
30	农村建设用地	72.000	385.786	100.000	0.311	36	集体土地	14.000	31.617	44.444	0.088
65	土地财政	72.000	420.565	39.130	0.311	61	博弈	13.000	31.612	41.379	0.082
59	财税体制	39.000	276.184	64.286	0.207	29	农地流失	13.000	17.077	41.618	0.089
62	土地收入	38.000	664.495	55.385	0.201	3	住房保障	13.000	59.957	43.114	0.092
49	地方政府行为	37.000	93.944	35.821	0.192	45	房地产泡沫	13.000	97.975	53.731	0.073
22	土地市场	34.000	246.885	60.504	0.168	19	土地征收	13.000	20.724	43.902	0.091
24	土地出让制度	34.000	299.546	48.649	0.182	23	土地供给	13.000	38.437	43.373	0.081
55	城市化	32.000	536.954	55.814	0.175	40	宏观调控	12.000	39.618	37.500	0.072
27	税收	32.000	234.832	63.158	0.168	8	制度变迁	12.000	40.764	44.720	0.078
68	分税制	30.000	231.261	46.154	0.158	13	征地制度	12.000	77.703	45.570	0.079
70	房产税	30.000	340.629	51.429	0.162	1	转移支付	12.000	17.262	41.143	0.079
69	房价	29.000	118.738	42.353	0.161	31	逆向软预算约束	12.000	50.430	44.720	0.078
50	地方政府融资平台	28.000	154.540	58.065	0.155	34	经济发展	11.000	73.417	52.174	0.065
51	地方政府竞争	27.000	103.801	54.135	0.146	38	户籍制度	11.000	19.684	40.000	0.066
25	土地出让	26.000	134.560	48.649	0.152	39	宏观经济	11.000	16.881	40.223	0.071

序号	关键词	度数中心度	中间中心度	接近中心度	特征根向量	序号	关键词	度数中心度	中间中心度	接近中心度	特征根向量
67	公共财政	25.000	91.277	50.350	0.146	57	财政体制	11.000	16.703	37.113	0.085
72	城镇化	23.000	65.930	39.779	0.126	41	公共服务	11.000	20.450	45.283	0.079
28	收入分配	22.000	75.734	51.429	0.128	15	增减挂钩	10.000	18.473	37.696	0.063
58	财政分权	21.000	119.166	46.753	0.125	43	耕地保护	10.000	51.936	41.860	0.071
44	房地产市场	19.000	55.290	39.344	0.112	35	晋升激励	10.000	26.779	37.895	0.068
52	城乡收入差距	18.000	86.783	47.682	0.099	60	财产税	10.000	83.297	45.570	0.070
48	地方政府债务	18.000	36.803	46.753	0.112	5	治理	10.000	27.118	41.860	0.067
63	土地经济	18.000	63.145	42.353	0.103	14	债务风险	9.000	18.464	44.444	0.062
32	可持续发展	17.000	60.542	43.373	0.108	7	制度创新	9.000	8.451	39.779	0.069
64	土地管理	16.000	64.886	39.130	0.099	16	小产权房	9.000	69.469	52.174	0.052
46	房地产调控	16.000	38.466	40.678	0.100	9	制度安排	9.000	13.212	42.604	0.067
73	城乡一体化	16.000	60.582	42.105	0.092	37	基础设施	9.000	47.237	32.579	0.061
71	地域差异	15.000	45.627	48.980	0.097	4	中央与地方关系	9.000	15.770	39.130	0.064
66	国有土地	15.000	79.830	41.143	0.087	6	制度环境	8.000	1.836	35.294	0.058
54	城市扩张	15.000	122.265	53.731	0.095	17	物业税	8.000	13.840	40.223	0.055

序号	关键词	度数中心度	中间中心度	接近中心度	特征根向量	序号	关键词	度数中心度	中间中心度	接近中心度	特征根向量
2	转型	14.000	48.556	46.154	0.099	33	经济增长	8.000	43.927	42.857	0.057
21	土地税	14.000	43.841	44.172	0.095	53	城乡二元结构	8.000	90.332	37.306	0.045
47	地价	14.000	18.185	44.444	0.096	20	土地违法	7.000	5.704	40.678	0.051
10	政绩考核	14.000	22.684	43.636	0.103	12	政府失灵	7.000	1.698	35.644	0.053
26	土地财政依赖	14.000	12.696	39.130	0.090	11	政府主导	6.000	1.820	36.735	0.048
56	产业结构	14.000	41.292	39.130	0.083	18	土地资本化	5.000	0.000	38.298	0.048
42	工业化	14.000	23.030	40.909	0.095						

由上述分析可知，"土地财政""地方政府行为""财税体制""分税制""土地收入""地方政府竞争"等研究议题是土地财政领域的关键研究议题，"房产税""城市化""税收""农村建设用地"是土地财政领域的次关键研究议题。而这些研究议题更多地聚焦于探讨土地财政问题的发生机理。因此，本书接下来将围绕土地财政的前因和后果的发生机理研究展开更为细致的研究综述。

第二节　土地财政的影响因素研究

地方政府土地财政问题一直是社会科学研究领域关注的重点问题，涉及了多门学科领域，如经济学、管理学、治政学，等等。而其中对于地方政府为什么开展土地财政问题的研究更是一直受到国内外学者的广泛关注，然而这一问题并没有得到统一的答案。从现有的地方政府土地行为的研究文献来看，已有研究大概可以分为五个方面的主要影响因素。

一、城市扩张说

传统城市经济学对于城市空间区域扩展（spatial expansion）的研究是基于单中心城市空间结构模型（monocentric urban model）展开的，该模型认为，城市土地的利用强度是受到城市空间结构和空间形态的影响，而城市空间结构和形态又会受到城市人口、居民收入、交通成本、土地获益能力等因素共同影响的[120]。布鲁克纳和范斯勒（Brueckner & Fansler）[121]和麦克格拉斯（McGrath）[62]以小型城市为研究对象，采用跨国数据的实证研究验证了单中心城市空间结构模型，他们的研究发现，居民收入的提高和城市人口增加会显著地提升城市土地开发的面积，而农业真实租金会显著地降低城市土地开发的面积。这说明，当城市的人口不断的增加时，城市就会不断地向外扩张以满足人们更多的需求，从而引发更多的土地被开发以满足城市扩张的需求。

周璐认为，中国的城市化呈加速发展趋势，导致城市规模的不断扩大和城市外延的扩张，大量的土地被需求和要求出让[122]。邓祥征等学者以中国城市为研究对象的实证同样也发现，在中国城市近年来的改变巨大，这包括人口的快速增长，城市工业化的快速扩张以及服务部门的提升，这些都正向激发了中国城市核心的不断扩张[76]。芦清水等学者的研究也发现，中国城市化的发展进程激发了地方政府出让土地的热情，随着城市工业的快速发展和城镇人口的不断增加，大量耕地被出让作为工业用途[123]。

韩本毅基于 1999~2007 年的省级面板数据的实证研究发现，各城市城市化程度对各地的土地财政收入具有较大的影响，各城市要扩张城市的外延和投资规模，就必须出让大量土地，以土地出让金为大量基础设施建设等融资[124]。陈多长和张明进基于 2000~2013 年省会城市面板数据的实证研究发现，城镇化对土地财政依赖的影响是正向的，即我国城镇化水平的提高会引起地方政府土地财政依赖度的上升[125]。

所以，持城市扩张说的学者们认为，城市土地出让的过程其实是城市在不断扩张过程中的必然趋势。然而，在中国不论城市发展规模的大小，也不论地方政府所处的层级，其或多或少都存在土地财政的行为，而且地方政府土地财政还有不断发展扩大的倾向，因此，这些发展趋势都是城市扩张学说难以完全解释的。

二、城市经营说

城市经营（urban management）的理念最早出现在西方发达国家，城市经营的理念一经提出，立即引起了国际上的广泛关注甚至论战[126]。西方发达国家城市经营的目的就是通过加速地区的城市化进程以推进城市经济的发展[127]，并在保证城市每天有效的运作是能够有利于城市经济发展以提升城市的经济和社会收益，并且确保城市公共设施和服务的供给[128]。

阿曼（Oman）通过对厦门、大连和深圳的案例的分析发现，在经营城市的理念下，一些城市的主政者热衷于把城市当成一个特殊的产业来经营，在一定程度上城市经营等同于土地经营，城市的主政者通过出让土地资源来获取外商投资的青睐[129]。王萧薇等学者基于广东省的实践发现，在经营城市的理念下，城市管理者关注于对外商直接投资的吸引是否能够满足城市经营的需求，而土地资源对于外商直接投资来说至关重要[66]。

毛艳华和钱斌华的研究也认为，城市土地总量是有限的，城市土地资源的利用程度和质量将会直接影响城市经营的效果，在中国城市经营的过程中，土地利用上存在总量失控的问题[130]。王岳龙和邹秀清研究认为，我国中西部地区经济发展较慢，土地作为一种重要生产要素，在该地的招商引资中起着至关重要的作用。中西部地区因为工业化水平较为落后，所以该地区土地出让更可能倾向于吸引更多外来资本投资该地区，从而促进城市的经济发展[131]。

因此，持城市经营说学者们认为，是城市经营理念下的以城市经济为核心的发展战略催生了地方政府的土地财政行为。然而，城市经营说不能解释的是，近年来地方政府城市经营的理念已经开始慢慢淡化，然而地方政府土地财政行为为什么一直不能随着城市经营理念的淡化而明显减弱？这说明在中国地方政府可能还存在更为本质的制度激励。

三、财政分权说

这类文献通常从财政分权理论出发，认为 20 世纪 80 年代以来的财政分权体制强化了地方政府的财政和经济激励，使得地方政府更有动力去发展地区经济。吴副龙的研究发现，在财政分权背景下，地方政府有强烈的激励去发展自己的经营活动以增加地方政府税收资源，在地方政府的经营过程中土地充当了重要的角色[69]。陶然等学者的研究认为，在财政分权所带来的强经济激烈下，土地因为其相对低成本性成为地方政府发展经济的落脚点，地方政府可以通过低价从农民手中获取土地高价卖出土地获取数额庞大的差额资金[73]。

罗必良研究认为，中国实行的分税制改革所带来地方政府财政收入和支出的不平衡造成了地方政府巨大的财政压力，在面对财政压力时，获取土地财政成为地方政府普遍的行为偏好[132]。杨帅和温铁军的研究也发现，分税制改革造成地方政府赤字急剧增加，在面对赤字压力的时候，土地成为地方政府最主要也最便捷的收入来源，地方政府土地财政成为分税制后地方政府的刚性需求[133]。郭贯成和汪勋杰认为，中国式财政分权造成地方财政赤字扩大化，财政赤字驱动地方政府攫取预算外财政收入，进而驱动地方政府采取积极的土地财政策略来实现地方财政增收的目标[134]。曹端海等学者也认为，财政分权加剧了地方财政收支的不平衡，并导致土地财政问题[135]。

卢洪友等基于 2005～2007 年中国地市级面板数据的实证研究发现，中国现有的财政分权模式对地方政府的土地出让行为具有显著的正向激励作用，财政分权程度越高，对地方政府的激励效应越强。地方政府实施的"土地财政"行为有效地缩小了地方人均真实财力缺口，并且促进了地方基础设施建设、教育服务和城市公共环境等公共服务供给水平的提高[136]。

涂思基于 2004～2013 年省级面板数据的实证研究发现，财政分权是土地财政现象出现的重要原因，中央政府和地方政府财权和事权不匹配，中央政府掌握了较多的财政收入，承担更少的支出责任。地方政府掌握更少的财政收入，但是却需要给地方提供更多的公共服务，因此，地方政府通过出让土地为地方的城市基础设施建设等项目提供财源[137]。

因此，持财政分权说的学者们认为，财政分权所带来的经济激励和财政压力使得地方政府热衷于土地财政。但是从逻辑上看，财政分权只能构成地方政府土地财政行为的必要条件，财政分权并不必然导致土地财政，因此，必然有与其相配合的激励机制有待挖掘。

四、政府竞争说

邓峰的研究发现，财政分权加大了地方政府间的竞争，同时也加大了地方政府对于财政收入最大化的需求，此时地方政府倾向于行使控制城市土地的使用权力，去直接介入土地使用以换取获取隐藏税收的能力[61]。刘明兴等学者的研究发现，地方政府在面临竞争的时候，地方政府竞相出让土地以吸引资本投资，以提供低价土地换取投资者的"青睐"[80]。

陶然等的研究发现，在中国地区竞争格局演变下，地方政府的发展模式是地区"竞次性"的发展模式，即地方政府通过提供低价土地、放松劳工以及环境保护标准，以吸引制造业的驻扎[140]。唐鹏等学者认为，地方政府之间的资本竞争是地方政府实施土地引资策略的主要激励，地方政府关于财政资源和资本要素的争夺，促使其实施土地出让策略和土地引资策略，以获取与土地有关的收入[141]。谭江华[142]、赵静和钟本章[143]等学者从政府竞争视角出发，认为土地财政的产生是地方政府与中央政府和同级地方政府进行博弈的结果。

李永乐和刘玉山构建了政府间竞争的三个维度，即"央地不同级"政府间的上下财政竞争、"同级不同地"政府间的左右晋升竞争、"同地不同届"政府间的前后策略竞争。三个维度的政府间竞争模式组合固化了地方政府以土地为落脚点的政策取向，各地政府趋于一致的土地利用策略导致了土地资源的过度利用，从而引发地方政府对土地的过度依赖[144]。

罗必良和李尚蒲基于1993～2009年省级面板数据的实证研究发现，地方之间对资本的竞争异常激烈，土地廉价出让是各地吸引资本的重要手段之一，地方政府通过廉价出让土地资源吸引投资获取发展机会[145]。胡娟和陈挺基于2000～2016年省级面板数据的实证研究发现，地方竞争的程度对土地财政有着正向推动作用，政府官员效用最大化目标下导致地方竞争程度上升直接推动了土地出让收入的上涨[146]。

因此，持政府竞争说的学者们认为，地方政府之间的激烈竞争是地方政府土地财政的根本原因。但是此类文献的缺陷在于未能揭示地方政府展开激烈竞争背后的肌理和制度设置，因此，未来对该类问题的研究应建立在对于其背后影响因素的挖掘的基础上。

五、晋升博弈说

持晋升博弈说的研究学者注意到政府激励体制中除了财政经济激励外还存在一种更为根本的晋升激励的存在[147]。梁若冰的研究发现，地方政府土地违法行为频发的根本原因是在政治晋升激励机制下为发展地区经济而产生的投资冲动[148]。张莉等的研究发现，地方政府在面临晋升压力时，具有土地招商引资的冲动，而地方政府对于土地引资的需求则会引发地方政府热衷于出让土地[149]。

刘佳等学者基于2003~2008年地市级面板数据的实证研究发现，认为地方政府官员的晋升竞争是导致地方政府土地财政问题的根源之一，且这一发现具有较好稳健性[151]。李勇刚和高波基于1999~2011年中国35个大中城市的面板数据的实证研究发现，地方官员的政治晋升激励是导致中国土地财政规模持续扩大的制度性因素[152]。武普照等学者基于1999~2017年的省级面板数据的实证研究发现，官员考核机制引致的晋升激励效应是土地财政的主要诱因，财政压力居其次且不稳健[153]。

因此，持晋升博弈说的学者们认为，地方政府的晋升激励机制才是影响地方政府行为最根本的因素。但是此类文献还处于研究争议阶段，其对于地方政府晋升激励和土地财政的关系并没有进行深入的探讨和分析，激励机制对地方政府土地财政行为的作用路径和方式还有待进一步挖掘。但是现有研究成果还是为未来研究地方政府的土地财政行为提供了有益参考。

第三节 土地财政的实施效果研究

与地方政府土地财政影响因素研究不同的是，地方政府土地财政的实施效果的研究并没有引起国内外学者的广泛关注，尤其是土地财政对于地方政府绩效的影响研究更是少之又少。从现有的地方政府土地行为实施效果的研究文献来看，目前相关研究大概可以分为以下两个方面。

一、土地财政对经济发展的影响

虽然地方政府土地财政对于经济发展的影响已有的研究有限，但是学者们对于两者之间的关系目前看来较为一致，普遍认为地方政府的土地财政能有效地促进地方政府经济的发展。田莉和马魏军研究发现，土地出让是一个有效的发展经济的工具，其可以为地方政府提供充足的税收和基础建设的资金[154]。丁成日和利希滕贝格基于 220 个城市面板数据的实证研究发现，地方政府土地出让的面积能够显著提升城市第二和第三产业 GDP总值的增长[81]。

陶然等学者的研究发现，地方政府土地出让的宗数对于当年和滞后一年的财政收入、营业税收入和增值税收入等有正向的影响关系，但并不显著，其显著关系要在两年后才能显现[155]。杜雪君等学者基于省级面板的研究发现，地方政府的土地出让金与地方政府的 GDP 之间具有格兰杰（Granger）因果关系，即地方政府的土地财政行为能够有效地促进地方政府经济的增长[112]。吕丹和王钰以大连市为例的研究发现，土地财政对大连市近年来的经济高速增长作出了较大贡献，是推动地方经济增长的重要力量[156]。夏方舟等学者从产业结构的视角出发，分析了土地财政与经济增长以及产业发展的关系，研究发现土地财政主要通过促进产业结构调整进而推动经济增长[157]。

二、土地财政对公共服务的影响

已有文献关于地方政府土地财政和公共服务关系的研究非常有限，所以学者们对于两者的关系并没有一致的结论。丁成日研究发现，地方政府通过出让土地使用权获取的税收成为地市级政府税收的主要来源，同时也维持了地方政府基础建设和提供公共服务的资金需求[158]。邓峰的研究发现，政府可以通过地租、税收、收费等各种形式获取大量的土地收益，有效地缓解了地方政府的财政困难的局面，在促进地方政府财政收入增加的同时，致使政府将发展重点从企业转移到公共物品提供上，从而提高公共服务供给水平[61]。卢洪友等学者的实证研究发现，地方政府的土地财政显著地提高了辖区基础设施建设、教育服务和公共环境供给水平[136]。

然而，还有些学者的研究发现，地方政府的土地财政并不能有效地提升地方政府的公共服务。周飞舟基于中国某区政府的案例研究发现，政府大多将土地出让收入用于经济发展和人员经费，并没有显著提升公共服务支出[111]。陈明的研究也认为，地方政府的土地财政带来了失地农民生存状况的恶化、商品房价格的攀升，以及保障性住房难以满足公众的需求等现象[159]。李斌和卢娟研究发现土地财政收益阻碍了公共服务供给[160]。

此外，也有学者发现，不同地区土地财政与公共服务间的关系具有差异。杨志安和汤蒨瓔研究认为，土地财政收入对不同类别城市公共服务水平的影响不同，对于工业化、城镇化高速发展的第二、第三类城市而言，土地财政收入的增加并不利于公共服务水平的提高。但相反对于第一、第四类城市而言，土地出让收入有利于地方政府公共服务职能更好发挥[161]。因此，通过上述的研究发现，地方政府土地财政与公共服务之间的影响关系还是处于争议中的。

第四节　本　章　小　结

本章首先梳理和归纳了现阶段土地财政问题相关研究的现状和演变脉络，并在此基础上总结了国内土地财政问题研究的学术热点议题。其次重点介绍了土地财政影响因素及其实施效果研究的主要视角和关键理论发现。通过本章的研究综述可以发现，地方政府土地财政前因后果的研究越来越引发学者们的关注，并涌现出许多值得关注的研究方向。但总体来说，土地财政前因后果的研究仍然是一个相对崭新的研究领域，还有许多方面需要探索。现有研究对地方政府土地财政前因后果的研究进行了大量有分量的探查，但在如下方面仍然存在完善空间。

已有关于土地财政影响因素的研究，虽然在理论上都具有较强的解释力，为理解地方政府土地财政的影响因素提供了很好的思路。但从研究内容上讲，现有研究的理论各有侧重，他们大多基于特定理论视角下的单因素研究，缺少系统理论分析的框架。系统性分析框架的缺失使目前对政府土地财政影响因素的解释难以尽如人意，也无法满足实践者对地方政府土地财政的认识和理解。因此，未来的研究需要构建一个系统性的、整合的理论框架，是研究地方政府土地财政影响因素的关键内容之一。

尽管地方政府土地财政与经济发展和社会服务的相关问题已经引起了国内外学者的广泛关注，但是将地方政府公共服务绩效的概念纳入土地财政分析框架之中的整体研究尚未出现。上述的诸多研究更多涉及的是土地财政对于地区经济发展的促进作用，但是对于其可能对地方政府公共服务供给的影响问题却少有人关注。针对这一研究空白的填补，有助于我们进一步理解地方政府土地财政的真实效果，有助于我们从公共服务绩效改进的视角入手，重新审视和反思地方政府的土地财政，并为地方政府土地财政理论研究的完善和发展提供实证证据。

从研究方法上讲，上述大量的研究仍然停留在理论探讨和个案研究，更有代表性的多案例研究乃至大样本统计分析还较为欠缺，而关注实际并致力于指导土地管理实践的研究也不多见，因此，本书从中国的实际出发，选择整群抽样的方式，基于大样本的面板数据所进行的实证研究将是对现有研究方法的有力补充。除此之外，目前很多的实证研究落脚于省级政府的数据，而在中国地方政府土地出让的主体是市级和县级政府，现有研究并不能有效反映地方政府土地财政的真实状况。本书采用中国市级政府的面板数据进行实证研究可能更有助于深入地揭示地方政府土地财政的本质。

第三章　地方政府软预算约束的理论脉络

第一节　软预算约束理论

一、软预算约束的概念

软预算约束（soft budget constraint，SBC）问题最早是由匈牙利著名的经济学家亚诺什·科尔内研究匈牙利经济短缺时发现，匈牙利国有企业遭受长期损失时，却往往被外部组织进行救助。此时，国有企业面临的预算约束环境是"软"的。随后，科尔内在其著作《短缺经济学》中首创性地提出了软预算约束的概念。科尔内认为，如果一个组织期望其财政困难能够被缓解，而不是清算或关闭，这时候组织的预算约束可以被认为是软的[18]。

科尔内[19]、马斯金[20]、白重恩和王一江[162]等学者的研究发现，软预算约束是社会主义经济发展过程中的一个普遍现象，企业都不担心因为亏损而负债累累，因为一旦企业出现财政困难，政府、银行等外部经济体都会去解救困境中的企业。现阶段，很多理论和实证研究都采用软预算约束的概念解释组织的经济行为，这包括企业、公共部门、政府等不同组织的行为[25]。

随着软预算约束理论研究的不断深化，软预算约束的研究不再局限于社会主义经济，学者们也开始关注于资本主义经济中的预算软约束问题[21-23]。学者们的研究发现，以私有产权为基础的资本主义企业组织中也普遍存在软预算约束现象，只不过社会主义国有企业的软预算约束问题更普遍、更直观，也更严重[163]。

科尔内的研究给出了软预算约束的经典定义，其认为软预算约束指当一个有预算约束的组织面临财政困难和亏损的时候，救援组织主动承担部分或全部该组织亏损的现象[164]。随着研究的不断深入，科尔内发现，软预算约束不是一个单纯的事件，其更应该是一个心理现象（mental phenomenon），他存在于决策者的思想和认知当中。这是一个特别的期望，如果一个人或组织限于困难之中，不论是好的还是坏的原因，组织的决策者都期望能够被救援，此时预算限制就会是"软"的[165]。

二、软预算约束的类型

科尔内在整合以往软预算约束问题研究的基础上，提出了在管理实践中软预算约束问题最常见的五类表现形式[164]。

（1）企业领域的软预算约束，这也是研究中最常涉及、关注最多的软预算约束问题，这类软预算约束通常是指当企业出现财政困难难以继续经营，政府、银行等外部经济体都会去解救困境中的企业。

（2）银行和其他财政中介机构的软预算约束，这类软预算约束通常是指大型银行因为产生了财政困难难以继续经营，能够从政府组织或者其他财政机构处获得救援。

（3）非营利组织的软预算约束，这类软预算约束通常是指医院、学校等社会保障机构发生财政赤字的时候，国家预算将予以救援。

（4）地方政府的软预算约束，此类软预算约束通常是指当地方政府处于负债和无力偿还的境地时，中央政府将施以援手为其承担债务。

（5）国家层面的软预算约束，此类软预算约束是指当国家经济面临财政危机或无力偿还时，依赖国际金融机构或国际财政联盟的救援来摆脱困境。

三、软预算约束的生成机制

在软预算约束理论中，预算约束不是一个账面标识（book - keeping identity），也不是一个技术关系（technical relation），其是一个有理性的计划假设（planning postulate）。科尔内认为这里有两个重要的潜在特征[19]：首先，预算约束决定了决策者的行为特征，决策者通常通过出售产品或者从固有资产上获得收益以支付自身的支出，此时的支出是与决策者本身所具有的财政资源息息相关；其次，预算约束是一个事前的约束变量，他在事前就限制了决策者的一切需求。此时的预算约束是基于对决策者未来财政状况和实际的财政支出都会实现的期望制定的。而当支出和盈利之间严格的对应关系变得松散的时候，软性的预算约束就会出现，因为超过盈利之外的额外的支出就需要被其他组织所支付，特别是国家。

科尔内指出，软预算约束的存在一般都需要两个主体：预算约束体（budget constraint organization）和支持体（supporting organization）[164]。约束体是指由于入不敷出需要外部提供经济支持才存活的主体；支持体是指当约束体出现困难时给予其援助和支持的主体。在这两个主体之间还存在一个原始预算线，一旦当实际的支出超过原始预算线时，超过的部分将被其他外部的财政支持体所承担。到下一个阶段具有相同内部财政资源的预算约束体的实际支出甚至会更大，那么超过原始预算线的部分还将会再次被财政支持体所承担。

科尔内还指出，因为原始预算线的存在，决定了一个组织的支出必须有相应的收入，否则该组织将会入不敷出，从而导致赤字。但是由于受到破产、清算或举债的限制，该组织的赤字规模不会无限制地增加。这时，该组织是一个有预算约束的组织。此时，该组织如果没有其他外部支持体的支持以弥补和消除其赤字，其可能会面临清算或关闭的局面，此时该组织受到硬预算约束；反之，如果该组织有其他外部支持体可以帮助其弥补财政赤字的话，那么该组织就受到软预算约束。预算约束的"软"和"硬"并不是绝对的类别变量，而应该被视为一个类似于光谱的连续变量。光谱的两端分别代表两种极端的预算约束状况，即完全的硬预算约束和软预算约束。在现实中预算控制模式并不表现为这两种极端情况，更多体现为某种中间状态。

软预算约束制度是一个"事前无效，事后有效"的激励机制，其发现当一个组织没有办法完成既定的预算时，事后的大笔补助或贷款，相较于事前的补助或贷款而言将会更有效率。在硬预算约束制度下的组织，其支出活动和支出成本严格遵守预算限制。然而处在软预算约束制度下的组织，不仅其支出与盈利之间的关系不再紧密，而且组织的行为也发生了巨大的转变，其对于支出成本也不再敏感。此时，存在一个诱因的问题，处于软预算约束制度环境下的组织，往往都寄希望于事后的救援，因此，其有充足的动力增加支出活动和增加支出成本，不断扩大支出的规模，从而不断突破已有的预算约束的限制[19]。

判断一个组织是否处于软预算约束的标准通常从以下三个方面[166,167]：（1）是否具有退出市场的机制。如果一个组织不会因为破产而被迫退出市场，则表示该组织处于软预算约束。（2）是否在一个社会中该类组织普遍保持着接受外部救援的预期心态。如果一个社会中有愈多的组织存在这种被救援的预期心态，则预算约束越是软的。此种心态是软预算约束形成的必要条件。（3）是否有不救援的可靠承诺。如果国家或金融机构在事前承诺不出手救援，但事后每当组织的财务出现问题时却提供资金援助，这就不是可靠的承诺，这种情况将会增强组织被救援的预期心态。

维格纳认为，软预算问题可以被看作一个序贯博弈（sequential game），首先预算支持体确定预算约束体的原始预算线；其次预算约束体在此基础上，选择一定的支出水平，并可能会进行一定数量的借贷行为。因为预算约束体如果不进行借贷可能会面临财政危机，没有办法履行支出和运转的需求。此时，预算支持体将面临选择，是限制预算约束体的借贷行为，还是以确保预算约束体的运转。如果是后者，那么预算支持体必须提供额外的资金支持。此时，如果预算支持体默许额外的资金支持，并有相应的激励存在，那么预算约束体会感知和预期到支持体的态度，从而明目张胆突破已有预算约束线[29]。

科尔内提出企业实现软预算约束的两种主要方式[164]：首先，是通过财政的手段进行救援，包括了国家预算补贴和税收优惠两种主要的手段。前者是指国家通过财政预算拨款的形式弥补企业的财政亏损，后者则是指国家通过赦免、减少或者推迟企业缴税等不同的方式来间接增加企业的盈利，从而弥补企业的亏损。其次，是通过信贷的方式对企业进行救援，包括软银行信贷和软交易信贷两种主要的手段。前者是指企业亏损时仍然能够通过银行贷款来缓解财政困难，且银行还将会放宽企业贷款还款期来刺激企业的借贷行为；后者是指企业亏损时仍然能从卖方手中够买到需要的资源，且在购买资源时往往能超越付款最后期限进行延期付款。科尔内最后还指出，在企业实现软预算约束的各种手段中，银行的软性信贷是企业实施软预算约束最重要的、也是最常见的一种手段。

第二节　软预算约束的关键议题

企业软预算约束问题的表现形式、软预算约束问题的形成机理、软预算约束发生的制度诱因、软预算约束发生的经济后果以及软预算约束问题的治理模式等都成为企业软预算约束研究的议题。而在若干研究议题之中，软预算约束发生的制度诱因和后果效应成为该领域研究的关键所在。

一、软预算约束的制度根源研究

软预算约束是解释社会主义经济绩效显著特征的重要因素之一，解释软预算约束产生的根源和运行机制是该领域研究的主要范式。软预算约束受到组织、环境、制度等多方面因素的影响，早期的研究较多关注企业的产权制度和内部管理手段对软预算约束的影响。如科尔内等学者的研究发现，政府对国有企业的父爱主义是预算约束软化的直接原因，因此，这些学者提出家长制（paternalism）是企业软预算约束的制度成因之一[19]；施密特和施维策（Schmidt & Schnitzer）的产权制度的解释，他们认为产权导致的支持体和预算体共同拥有资本会导致预算约束的软化[168]。

白重恩和王一江的控制工具理论解释，其认为上级根据企业执行项目的努力情况不断调整费用资助，从而导致软预算约束问题[162]；林毅夫等学者认为，产生软预算约束的主要原因是政策性负担，企事业单位承担了各种国家政策要求原本应该由政府所负担的职能，并由此引发了软预算约束问题[169]；德沃特里庞（Dewatripont）等学者提出的时间不一致模型解释，认为对事后对项目追加投资，其收益远大于中止项目的边际成本，从而引发软预算约束问题[170]。

随后，学者们注意到社会主义经济中的软预算约束问题很大程度上与其所处的经济环境有关，因此，后续很多学者开始关注于财政分权与软预算约束的关系研究。著名经济学家钱颖一和罗兰的研究认为，在中央政府、地方政府和国有企业之间具有三重的软预算约束关系，在此基础上其构建了三重序贯博弈模型后发现，财政分权的程度能够有效地影响企业软预算约束[171]；罗登在分析德国财政改革时发现，软预算问题发生的原因，归根到底是财政分权体制所引发的[21]；施特思和艾莉西亚（Calacean & Aligica）在研究罗马尼亚和保加利亚财政改革过程发现，财政分权引发了这两个国家软预算问题的产生，并最终导致了企业的重建[172]；林毅夫的研究发现，在宽松的财政政策下，财政分权导致地方政府干涉中央财政制度的实施，并引发国有企业预算约束的软化[173]。

除此之外，学者们还发现软预算约束问题的产生与政治家对政治晋升的需求密切相关。斯雷佛和维斯尼认为，政治家的行为选择具有鲜明的政治目的，政治家期望通过增加就业和产出使自己的政治地位更加牢固，因此，政治家会希望通过软预算约束向企业提供贴补，提升企业的经济效益；捷柏和哈根研究发现在所有重要历史转折点，选举收益才是推动改革重要的驱动因素，恰恰软预算约束满足了政治官僚的短期利益。投资于经济低效的项目对于政治官僚而言往往是合理的，因为这些项目可以为其带来政治上的支持，以及在选举期间的投票选票竞逐和追求选取获胜的制度使得内阁尝试建立硬预算约束的努力都付诸东流[26]。

二、软预算约束的后果效应研究

对于软预算约束后果的研究是软预算理论中的又一个重点，学者们关注最多的是后果之一是组织的过度投资行为。德瓦特里庞[170]和科尔内[19]认为，在软预算约束下，企业的投资行为表现出强烈的投资饥渴症、生产扩张冲动以及由此产生对生产要素的无限需求，企业都会想办法尽可能地取得更多的投资，扩大生产规模的周期性循环；科尔内基于医院的研究发现，当医院面临软预算约束问题时，超支的趋势和超过预算限制的想法是根深蒂固的，医院因倾向于过度支出，将陷于"超支—救援—超支—救援—超支"螺旋上升的怪圈。科尔内进一步的研究发现，在软预算约束的条件下，医院的赤字和债务问题也将会恶化到难以承受的阶段[165]。鄢港永等学者基于中国国有企业的研究发现，国有企业的投资现金流敏感度与软预算约束严重程度呈现显著的相关关系，这说明企业在面临软预算约束时，其具有强烈的投资的欲望[174]。

除此之外，对于软预算约束的后果研究还有对组织效率和创新等方面的研究。如：科尔内研究认为，软预算约束是导致社会主义经济体低效的主要原因，这是因为软预算约束致使国有企业过度从事投资，从而引发普遍性的短缺；钱颖一认为，在软预算约束的环境下，企业普遍缺乏创新意识，这是因为由于软预算约束的存在不能做到在事后对项目进行有效率的挑选，因而中央计划经济必须在事先依赖低效率的官僚筛选机制，而事前的筛选将会使得创新项目难以获得通过[171]。

科尔内的研究认为，组织的软预算约束问题是存在一个复杂的因果关系链条，软预算约束问题的研究应具有系统的理论分析框架。因此，科尔内在其研究中给出了软预算约束问题分析的三阶段理论分析框架：（1）分析在软预算约束形成背后的政治、经济和社会环境因素的影响；（2）组织行为的激励；（3）软预算约束带来的后果。因此，在本研究中将遵循科尔内的研究框架，将土地财政问题作为软预算约束的具体形式之一，分析其背后的影响因素及实施后果。

第三节　地方政府软预算约束研究

一、从企业到政府的研究演变

早期的研究多以企业为对象来探讨软预算约束的现象，但是近年来软预算约束的概念越来越多被用来探讨非营利机构的经济行为研究中。俞建海以中国的高校为研究对象，探讨了中国高校软预算约束和超额贷款的诱因[24]。埃格尔斯顿[25]、捷柏和哈根[26]、科尔内[27]等学者们都选择医院作为非营利机构的代表，探讨了医院组织软预算约束发生的机制、诱因和后果。

除非营利机构以外，地方政府的某些组织行为与传统社会主义计划经济中的软预算约束有着许多相似之处，地方政府在面临困境时，其总是能够通过向上级游说、银行借贷、收费等多种方式获取更多的财政资源，此时地方政府的预算约束也是软的[175]。只不过地方政府软预算约束的形式更为多元化，金菁和邹恒甫的研究发现，地方政府不仅能够通过依靠中央政府等救援组织获取财政资源，其甚至可以通过自身的融资、收费等方式获得财政资源[176]。国内学者周雪光也认为，政府有着突破已有预算限制、实现规模与权力扩张的天然冲动，且地方政府可以通过借贷、收费等多种方式获得财政收入从而不断扩大已有的预算限制[34]。因此，地方政府的软预算约束概念的外延较之企业而言范围更大，其包含所有地方政府突破已有预算约束，获取额外财政资源的行为。

基于此，公共管理和社会学研究领域的学者们也尝试将软预算约束的概念引入政府财政行为的研究当中，尤其关注政府软预算约束产生的前因后果，以及软预算约束对政府财政行为的影响[28]。维格纳运用序贯博弈分析了中央政府和地方政府在面对软预算约束时的博弈行为，进一步阐述了地方政府软预算约束的形成机理[29]；土居和井堀利宏基于软预算约束理论的视角，分析了日本地方政府债务形成的原因和机理；王慧玲基于中国的研究，从政府债务的角度，构建了地方政府软预算约束的影响因素模型[30]；刘雅灵从目标责任管理的角度，分析中国地方政府软预算约束产生的原因，以及软预算约束与地方政府预算外收入间的关系[28]。

国内学者近年来也开始尝试运用软预算约束理论，解释和分析中国政府管理实践中的现实问题，如马骏[31]、王永钦等[32]、管治华和范宇翔[33]、时红秀[177]对政府债务和财政风险问题的研究；周雪光[34]、方红生和张军[35]、叶贵仁[36]、赵永辉等[37]学者对政府财政行为的研究；刘书祥和童光辉[38]、罗春梅[39]对教育供给行为的影响，等等。

总体来说，地方政府软预算约束已经成为国内外学者普遍关注的热点理论研究问题。但是国外学者对政府软预算约束问题的研究多从宏观的视角出发，研究政府整体软预算约束问题产生的肌理。国内学者虽然开始尝试某一特定问题的研究，但是研究才刚刚起步，研究的范围还比较繁杂，因此，该研究还具有很大的理论探讨的空间。

二、政府软预算约束的表现形式

与企业的软预算约束类似，西方国家地方政府的软预算约束主要通过财政手段救援和向银行等金融机构借贷这两种方式。首先，钱颖一和罗兰的研究发现，地方政府在救助企业的同时，需要依靠中央政府的财政资源，此时地方政府在中央分配资源时存在相互竞争，期望能够通过吸引中央的流动资源和补助以不断扩大自身的支出[171]；科尔内在整合管理实践多种软预算约束方式时也曾指出，地方政府的软预算约束是指当地方政府处于负债和无力偿还的境地时，中央政府将施以援手为其承担债务[164]。

普列汉诺夫在研究俄罗斯地方政府的软预算约束表现形式时认为，地方政府的软预算约束就是，当地方政府出现赤字或偿还借款时，中央政府将为地方政府提供必要的救助。因此，地方政府的预算软约束更多表现为依靠中央财政预算拨款的方式。其次，博尔迪尼翁研究意大利政府的软预算约束问题时发现，地方政府在面对不断增长的财政支出和减少的收入时，因为意大利此时没有政府借贷的财政限制，因此，其通常的选择之一是向商业银行借贷以缓解财政的赤字；罗登在研究德国政府的软预算约束时发现，地方政府解决财政赤字的方法之一也是直接向银行借贷[21]。所以，地方政府向银行借贷是政府软预算约束的表现形式之一。

然而，中国地方政府软预算约束的表现形式较西方更为复杂，金菁和邹恒甫通过中国政府的案例研究发现，地方政府软预算约束的表现形式和实现手段可以细化为六种方式[176]：（1）通过拨款分配和税收的讨价还价从中央政府获取转移支付；（2）政府补贴；（3）从商业银行进行借贷和信贷；（4）创建虚拟金融公司间接借贷和国外借款；（5）调整税收策略吸引外资；（6）依靠预算外资金和税收的附加费。

三、政府软预算约束的内在特征

政府预算约束制度是中央政府控制地方政府支出和约束地方政府行为的重要手段。此时，中央政府和地方政府的预算约束可以被看作一个序贯博弈，首先中央政府宣布制定相关政策；其次各级地方政府根据财政收入的数额制定相应的支出和借贷政策，地方政府选择提供一定的公共支出水平，并进行一定数量的借贷行为。因为地方政府如果不进行借贷可能会面临财政危机，没有办法履行中央政府的政策要求。

此时，中央政府将面临选择，是限制地方政府的借贷行为，还是以确保政策的实施为首要目标。如果是前者，地方政府将面临硬预算约束制度的限制，地方政府必须严格按照收入的数额进行财政支出，但此时有可能中央政府的政策实施没有办法保证；如果是后者，地方政府将面临软预算约束制度的激励，中央政府将必须默许地方政府通过借贷等行为不断突破已有预算。此时，如果中央政府有相应的激励存在，各级地方政府就会预期到中央政府的态度，从而可以突破已有预算约束的限制。

通过上述的分析可以发现，想要硬化地方政府预算约束制度的一个有效前提是地方政府能够从正式的预算安排中获得足够的收入资源已完成中央政府的政策要求。因此，地方政府软预算约束制度具有以下三个方面的基本特征。

第一，建立了事后救援的激励机制。在硬预算约束制度下，地方政府的支出在预算执行之前就被严格限制了，当地方政府没有办法完成既定的支出目标时，中央政策将不能被执行。然而，在软预算约束制度下，当地方政府没有办法完成既定的支出目标时，其也可以选择先部分执行中央的政策，然后事后通过融资、借款、等待外部救援等多种方式来弥补支出资金的不足。

第二，割裂了地方政府财政支出和财政收入之间的联系。预算约束制度设立的初衷是为了维持财政平衡，财政支出严格按照收入数额的限制，杜绝财政赤字的出现。然而软预算约束制度却弱化了财政收入对于财政支出的限制，允许地方政府可以通过外部援助资金来弥补其财政赤字。

第三，默许了地方政府预算外财政收入的存在。在硬预算约束制度下，地方政府的支出不能超过财政收入，借贷、融资等一切预算外财政收入是被严令禁止的。然而在软预算约束制度环境下，地方政府通过借贷等方式不断突破已有预算支出规模的行为是被中央政府所默许的，预算外财政收入在制度上具有一定的合法性。

从上述对地方政府软预算约束制度的内涵分析来看，软预算约束制度割裂了地方政府财政支出和财政收入之间的联系，从而改变了地方政府的财政行为，使地方政府可以不断扩大自身的财政支出规模。同时其还从制度层面默许了地方政府预算外财政收入的存在。

第四节　本章小结

本章在对软预算约束概念、类型和生成机制进行总结的基础上，梳理了软预算约束理论的发展脉络和关键研究议题。并重点回顾和介绍了地方政府软预算约束的表现形式和研究现状，点出了本书研究的重要理论视角和研究基础。通过对已有研究的理论回顾，我们得到了如下重要的研究启示。

首先，通过对传统软预算约束理论和地方政府软预算约束理论的研究综述。可以发现，软预算约束理论为我们审视地方政府行为，尤其是土地财政行为提供了一个很好的研究视角。地方政府土地财政符合地方政府软预算约束的表现特征，但现有研究较少见到从软预算约束理论视角去分析地方政府的土地财政问题，因此，本书将基于软预算约束理论去探讨中国地方政府土地财政实施的前因后果。

其次，通过对软预算约束理论关键议题的梳理，可以发现，软预算约束发生的制度诱因和后果效应是该领域研究的关键议题。因此，本书未来从软预算约束理论视角出发研究土地财政问题，研究的重点也考虑从现有管理制度设计出发，探讨地方政府土地财政的可能影响因素，以及分析地方政府土地财政的实施效应。

再次，通过对软预算约束相关影响因素研究综述，可以发现，软预算约束问题很大程度上与其所处的经济环境有关。因此，本书未来将重点考虑在中国财政分权制度背景下，挖掘影响地方政府土地财政的可能因素。除了经济环境之外，约束机制在软预算约束问题上也发挥了重要的作用，本书未来也将剖析制度约束对土地财政的影响。

最后，通过对软预算约束相关后果效应研究综述，可以发现，软预算约束的后果除了经济效应之外，还存在着其他社会效应。因此，本书未来在剖析土地财政的实施效应时，将从经济效应和社会效应两个层面出发，探讨地方政府土地财政的实施后果。

第四章　地方政府土地财政的制度背景和理论解析

第一节　改革开放四十年中国土地政策的嬗变

一、土地政策的总体发展状况

（一）基于国务院政府工作报告的文本分析

作为具有法定效力的官方正式文件，中华人民共和国国务院政府工作报告是一个具有施政纲领性质的政策性文本，其中涉及的政府工作目标是中国政府每年工作的行动纲领[178]。政府工作报告具有全局性、前瞻性和纲领性，一定程度上表征着一段时期内政府资源配置重点和行动方向[179]。因此，政府工作报告对当年的各项工作安排，直接体现了当年政府宏观政策走向[180]。自2010年以来越来越多的学者从政府工作报告入手，分析中国特定领域的宏观政策变迁，如住房政策[179]、海洋政策[180]、法制建设[181]、环境治理政策[182]等。

土地政策作为政府政策的一种，其演变过程自然可以通过历年中华人民共和国国务院政府工作报告体现出来。通过对政府工作报告中有关土地政策内容的梳理和统计，能够有效反映出土地政策变迁规律和国家大的政策方略的变化。鉴于此，本书选取中华人民共和国国务院政府工作报告，通过对政府工作报告中关键高频词和关键段落的分析来研究中国土地政策的演进问题。

文本分析方法又称内容分析方法，是一种基于定性研究的定量分析方法[183]，其能有效地将定性和定量研究方法相结合。通过文本分析，一方面，可以克服以往语义分析的主观性，形成更为客观的判断标准。另一方面，它将历史文献本身视为可靠的样本指标，可以实现对跨越时间的历史文献资料的集成分析[184]。在文本分析中，文字使用频率的变化反映了人们对于事物的重视程度与认知的变化[181]。基于此，本书通过对中华人民共和国国务院政府工作报告中出现的土地政策有关的关键词词频统计，可以将语言文字等定性材料转换为定量数据，用以测量中央政府对土地政策的战略部署内容以及重视程度，从而考察土地政策的演进历程。

Nvivo 软件是一款自动文本分析软件，其主要功能是挖掘和分析各类性质的资料，用来处理各种非数字且无结构的信息，将这些信息转化为量化的数据，并加以管理[183]。Nvivo 软件通过对特定词语或句子在文本中出现的频率进行统计，来测量问题的关注度和重要程度。进一步，为了对政策文本进行更深入细致的研究，首先需要对政策文本关键词语或句子进行编码，然后对初步编码点进一步聚类分析进行有效归类[185]。

（二）文本编码和聚类分析

本书聚焦于中华人民共和国改革开放 40 年以来土地政策的变迁，因此，选取中国改革开放的起始年 1978 年作为研究起点，选择 2018 年作为研究终点，共选取 1978～2018 年间 41 份的国务院政府工作报告，将这 41 份报告转化成 Word 文档，并删除多余的图片及文字，整理成规范的文本。然后将整理好的 41 份政府工作报告导入 NVivo 11.0 软件中。

本书进行第一轮编码，对所有涉及"土地"的文本进行搜索，并根据语义判断搜索到的文本是否属于土地政策，对属于土地政策的文本进行初步编码。接着进行第二轮编码，利用 NVivo 11 软件中突出显示编码功能，再次对政府报告的文本进行全文浏览，查找有无遗漏的土地政策，如有遗漏，将其编码到相关节点，从而保证编码的完整性。最终共获得 185 个编码点，见表 4-1。

表 4-1 文本资料编码示例

节点名称	内容描述	来源
耕地保护政策	坚持和落实最严格的耕地保护制度和最严格的节约用地制度，严守 18 亿亩耕地红线不动摇	2009 年国务院政府工作报告
土地登记政策	做好土地确权登记颁证工作，审慎开展农村土地征收、集体经营性建设用地入市、宅基地制度、集体产权制度等改革试点	2015 年国务院政府工作报告

节点名称	内容描述	来源
家庭联产承包责任制	要稳定以家庭联产承包为主的责任制，落实土地承包期再延长 30 年的政策；切实减轻农民负担；加强农村基层政权和村民自治组织建设，改善农村干群关系	1998 年国务院政府工作报告
土地督察政策	要严格土地管理责任制。落实土地督察制度，对各类土地违法违规案件都要严肃查处	2007 年国务院政府工作报告

由于上一阶段编码所获得的编码点数量过大，本书对编码点将进一步聚类。首先，由 NVivo 11.0 软件根据 Pearson 相关系数对编码点词义的相似性进行衡量，并进行自动聚类，结果如图 4 - 1 所示。由于 NVivo 11.0 软件中文解码能力较弱，仅靠自动聚类难以完成聚类工作。因此，本书在借鉴了汪晖[186]、杨璐璐[187]和宋志红[188]等学者对土地政策分类的基础上，再参考自动聚类的结果，根据编码点含义、文本内容，并结合土地政策的特征与发展历程，进行手动聚类，见图 4 - 2。

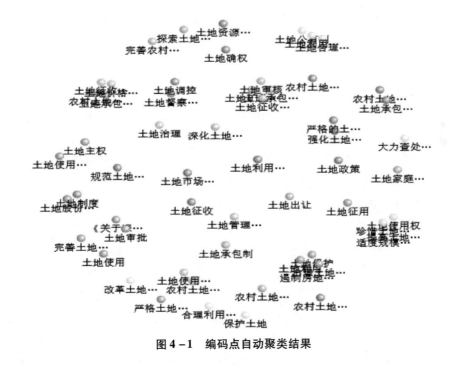

图 4 - 1　编码点自动聚类结果

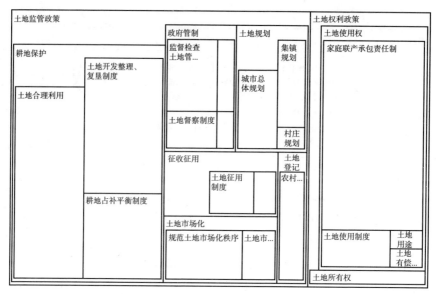

图 4 - 2　手动聚类后编码点层次结构

聚类后的编码点主要划分为两个方面，即"土地监管政策"和"土地权利政策"。其中"土地监管政策"涉及耕地保护、土地规划、征收征用、土地登记、政府管制和土地市场化六个方面的内容。"土地权利政策"涉及土地所有权和土地使用权两个方面的内容。

（三）总体演进趋势分析

本书对土地政策所占政府施政比重的演变进行了分析。本书运用 NVivo 11.0 软件中的报表功能统计出 1978～2018 年国务院政府工作报告中土地政策的编码字数，并借助 Excel 软件计算出历年土地政策的编码字数占该年政府工作报告总字数的比重，并将其用折线图表示出来（见图 4 - 3）。通过图 4 - 3 可以发现，虽然每年土地政策在政府工作报告中所占比重不同，有的年份占比高，有的年份占比低，但是每一年政府工作报告中都涉及了土地政策的有关内容，由此可以得出，中国土地政策具有连贯性特征。且政府每年都会关注到土地政策的内容，也体现出中国政府对土地政策重视程度较高。

从总体来看，中国土地政策的演变趋势呈"S"曲线，这符合理论上制度创新的趋势。中国土地政策前期的变化比较剧烈，土地政策后期的变化相对平缓。政策变化的分界点是 1994 年，可以看出，在 1994 年以前土地政策基本是两年一个波峰，这也意味着两年土地政策就会出现调整，这也说明土地政策前期的调整较为频繁；而 1994 年及其以后土地政策则变为四年一个波峰，这也意味着后期土地政策的调整时间延长为四年调整一次，土地政策的稳定性显著增强。

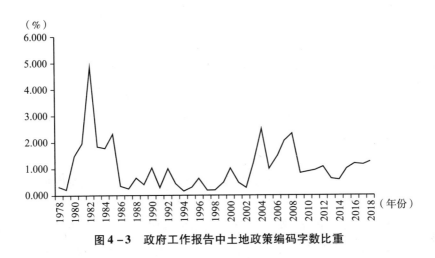

图 4 – 3 政府工作报告中土地政策编码字数比重

二、土地政策的不同发展阶段

从图 4 – 3 可以发现，1978 ~ 2018 年，土地政策在政府工作报告中所占施政比重的波动幅度较大。总体来看，中国土地政策演进经历了四个阶段。

（一）探索型土地政策阶段

1978 ~ 1985 年是中国土地政策的第一个阶段，也是政府工作报告中提到土地政策最频繁的时间段。这是因为这一阶段是中国土地政策转型的关键时期，家庭联产承包责任制在这一阶段出现并逐渐确立，土地的所有权和使用权也是在新中国成立以后首次得以分离。在这一阶段为了确立和巩固家庭联产承包责任制的中心地位，中央政府在政府工作报告中多次提到家庭联产承包责任制的战略意义和施政方针，从而使得这一阶段土地政策得到广泛关注①。

这一阶段土地政策出现了两个波峰，分别是 1982 年和 1985 年。其中 1982 年土地政策占政府工作报告比重历年最高，关键词编码字数占总字数的覆盖率高达 4.860%，这说明该年中央政府对土地政策的关注度最高。1982 年 1 月中央一号文件第一次明确提出"包产到户"，其在本质上确立

---

① 中共中央在 1982 ~ 1985 年，连续四年发布以农业和农民为主题的中央一号文件，对土地制度改革和家庭联产承包责任制实施作出具体部署。

了家庭联产承包责任制。随后 11 月的政府工作报告对一号文件进行了深入解读，政府工作报告提到"承包"一词有八次之多，对联产承包责任制的意义、特点和方式等方面全方位进行了说明。

1985 年是该阶段土地政策的第二个小高峰，土地政策所占政府工作报告比重是 2. 351% 。这是因为 1984 年 1 月和 1985 年 1 月中央的一号文件均强调要继续稳定和完善联产承包责任制，这两个文件标志着以家庭联产承包责任制为中心的改革基本结束。1985 年的政府工作报告把家庭联产承包的基本经验做了介绍和肯定，明确指出要继续完善家庭联产承包责任制的若干举措。

（二）稳定型土地政策阶段

1986 ~ 2002 年是中国土地政策的第二个阶段，这一阶段跨度长达十七年。时间跨度虽长，但这一阶段中央政府对土地政策的关注度相对平稳，没有剧烈的波动。土地政策所占政府工作报告比重均值维持在 0.5% 。每年的政府工作报告均出现"联产承包"关键词，且出现的频率差别不大。这说明家庭联产承包责任制确立之后，中国土地政策没有发生大的变革，只是在此基础上不断发展。因此，在 1986 ~ 2002 年土地政策整体呈现出平稳的态势。

即便这一时期的土地政策趋于稳定，但从图 4 - 3 还是能发现，在本阶段出现了一小波密集政策的波动期，即 1988 年、1990 年和 1992 年政策频率出现小幅上涨，且相对比较集中。1988 年的政府工作报告中首次出现了"土地使用权"和"有偿转让"这两个关键词，特别是政府工作报告将土地使用与房地产挂钩，提出"结合住房制度的改革，发展房地产市场，实行土地使用权的有偿转让"。该年工作报告使得房地产作为独立的产业正式登上历史舞台，且在此后的每一年政府工作报告中，房地产作为土地政策的重要组成屡次被提及。同年，《中华人民共和国宪法》和《土地管理法》修订，明确提出"土地的使用权可以依照法律规定转让"。

1990 年国务院政府工作报告继续提出"积极稳妥地推进住房制度"。不仅如此，工作报告中首次出现"保护耕地"和"减少浪费土地"这两个关键词；1992 年的政府工作报告再次强调"改革土地使用制度，合理利用土地，切实保护耕地"。这两年的政府工作报告在推进土地有偿使用制度的基础上，特别强调了保护和合理利用土地，加强土地管理，要求科学合理地开发和使用土地，从而使土地有偿使用制度开始走上规范化道路。

此外，1996 年和 2000 年也是该时期的另两个小高峰期。在这两个时期也是承接之前的政策导向，继续推动房地产产业和合理开发土地，但每一年的政府工作报告都强化和拓展了相关表述的力度。1996 年政府工作报告提出"推进住房制度改革，加快住房商品化的步伐"，以及"依法大力保护并合理开发利用土地"；2000 年政府工作报告提出"要使住房建设真正成为重要产业"，和"加大对土地批租转租领域违纪违法案件的查处力度"。

从上述分析可以看出，本阶段的土地政策还是着力于推进土地的所有权和使用权的两权分离，但政策着力点已开始从农村土地政策转向为城市土地政策，中央政府在坚持土地国有的前提下，大力推进土地使用权市场化改革，建立土地有偿使用制度，并在此基础上从宏观政策层面推进房地产产业的发展。但是该阶段中央政府在推进城市土地开发和房地产业发展的过程中，也发现了土地利用失衡、滥用耕地、随意改变基本农田用途、违法违规用地等一系列问题。所以中央政府开始提出科学合理地利用土地和对土地违规管理的政策方针，土地的监督和调控政策逐渐形成，这也为下一阶段的土地政策奠定了基础。

（三）规范型土地政策

2003～2008 年是中国土地政策的第三个阶段，也是土地政策第二个频繁波动时期，这说明这一阶段土地政策关注程度大幅提高。在该阶段土地政策出现了两个波峰，分别是 2004 年和 2008 年，其中 2004 年土地政策关键词占比为 2.516%，2008 年土地政策关键词占比为 2.355%。这两年土地政策关键词比重显著提升，且差异不大，这说明这两年中央政府土地政策都发生了重大转变。

这是由于前期土地政策在实施的过程中出现了很多违规问题，中央政府从 2003 年开始加大土地政策的监督管控力度。2003 年的政府工作报告在土地政策领域也首次出现了"严格"一词，要求"实行严格的土地用途管理制度，切实保护耕地"。到了 2004 年 3 月出台的政府工作报告对于严格土地政策有了更多的表述和解读，出现了"严格控制""强化监督检查""整顿和规范土地市场"和"依法管理"等字眼，这些均表明中央政府想要规范土地管理、整顿土地市场和强化土地监察的决心。

2004 年政府工作报告的出台就是一个风向标，指引了未来土地政策的走向。2004 年 8 月 31 日，国土资源部、监察部联合下发了《关于继续开展经营性土地使用权招标拍卖挂牌出让情况执法监察工作的通知》，明确要求"从 2004 年 8 月 31 日起所有经营性的土地一律都要公开竞价出让"①。这一

---

① 《国土资源部、监察部关于继续开展经营性土地使用权招标拍卖挂牌出让情况执法监察工作的通知》，国土资发〔2004〕71 号，2004 年 3 月。

政策出台意味着全国将实施新的土地政策规范土地管理，国有土地使用权一律采用招、拍、挂形式出让，因此，这一政策也被称为新中国的"土地革命"和"阳光地政"。同年 10 月，国务院发布《国务院关于深化改革严格土地管理的决定》，明确要建立国家土地督察制度①。这两个具体政策的出台都是对该年政府工作报告的有力回应。

2008 年政府工作报告提出了更为具体的规范土地管理的举措，如"严把土地闸门""土地利用总体规划从严审查""严格执行土地用途管制""坚决制止违法违规占用耕地和林地行为""依法查处闲置囤积土地行为"等。这些举措的提出都表明了中央政府加强土地管理，遏制违法用地的决心，也指明了下一阶段土地政策的重点。政府工作报告出台 3 个月后，监察部、人力资源和社会保障部联合国土资源部共同颁布了《违反土地管理规定行为处分办法》，从法律层面规范了土地管理行为，对于构建中国土地监察体系具有重要的指导意义②。该文件的出台是土地管理政策史上的重要里程碑，使得国家严格规范土地管理的要求落到实处，有力推动了责任政府的构建。

2008 年的政府工作报告还特别指出要"加大专项治理力度，重点解决土地征收征用等群众反映强烈的问题"。2009 年国土资源部即启动土地问责风暴，派 15 个督察组赴各地进行实地检查，并在评估验收工作后启动领导问责制。由上述分析可以看出，2003～2008 年中国土地政策更加规范和严格，从土地市场、土地出让、土地用途、土地规划、耕地保护、土地监察等各方面全方位规范土地管理行为，以确保土地市场秩序更加规范。

（四）合理型土地政策

2009～2018 年是中国土地政策的第四个阶段，可以看出在这个阶段土地政策的关注度又有了小幅的回落。这是因为经过前期土地政策的不断探索和发展，中国土地政策逐步规范，在该阶段进入了土地政策的深化期，注重在原有政策基础上不断深化完善，从而使土地政策更加合理化。在该阶段也有两个小幅的波动，即 2012 年和 2016 年，这两年土地政策所占比重大约都在 1%。

在这段时期里，需要特别关注的是 2016 年的政府工作报告。该年政府工作报告中首次出现"自愿有偿"字眼，工作报告提出"鼓励农户依

---

① 《国务院关于深化改革严格土地管理的决定》，（国发〔2004〕28 号），2004 年 10 月。
② 《违反土地管理规定行为处分办法》，监察部、国土资源部第 15 号令，2008 年 6 月。

法自愿有偿流转承包地，开展土地股份合作、联合或土地托管"。这一政策使得农村土地流转打开了新思路，奠定了土地制度的新格局。这一政策的核心是指农民承包的土地已被允许有偿有期限的自由流转，将土地经营权转让给其他有能力的农民。在这个政策指引下，农民可以依法自愿有偿地流转土地，从而让土地能够更为灵活的使用，有利于农业结构调整优化。

在中央政府宏观政策指引下，同年10月《关于完善农村土地所有权承包权经营权分置办法的意见》正式提出"将土地的所有权、承包权与经营权分离"①。"三权分置"是继家庭联产承包责任制后中国土地政策改革中的又一次重大制度创新，将促进土地资源更加合理利用。2017年中央政府也第一次正式将"三权分置"写入政府工作报告，要求未来各级政府要积极"完善农村土地'三权分置'办法"。

三、土地政策监管重心的变化

图4-4所示是耕地保护、土地规划、征收征用、土地登记、政府管制和土地市场化六类具体的土地监管政策频数的变化趋势图。由图4-4可以发现，耕地保护政策出现时间最早，1978年就出现，且持续时间最长，几乎每年都有提及。这是因为耕地是农业之本，国家命脉所在，其得到了中国中央政府足够重视。耕地保护政策有三个重要的节点，分别是1981年所提出的"合理利用每寸土地，应该是我们的国策"的方针，1990年提出的"凡因建设占用农用土地的，原则上应承担土地开发的义务"的要求，以及2007年提出的"守住全国耕地不少于18亿亩"的硬性约束。

土地市场化政策集中出现在2002~2010年，说明这段时间中央政府极力倡导市场机制配置土地资源，有效盘活土地资源的政策导向。为了有效回应这一政策导向，2002年5月国土资源部签发《招标拍卖挂牌出让国有土地使用权规定》，该规定叫停了长期沿用的协议出让土地方式，要求"从2002年7月1日起，所有商业、旅游、娱乐和商品住宅等经营性开发的项目用地都必须通过招标、拍卖或挂牌方式进行公开交易"②。该政策出台进一步规范和完善国有土地出让制度，有效发挥市场配置土地资源的作用。

征收征用政策1978~2002年，只在1984年提出过一次，然后到了2003~2014年频繁出现，2015年之后没有提及。这说明在2002年以前，

---

① 《关于完善农村土地所有权承包权经营权分置办法的意见》，2016年10月。

② 《招标拍卖挂牌出让国有土地使用权规定》，国土资源部〔2002〕11号令，2002年5月。

中央政府较少关注土地的征收征用政策，2003年开始，中央政府开始关注土地征收征用政策。这是由于2002年开始土地市场化改革，农地只有通过征收征用的方式才能转变为建设用地。土地征收征用的规范化能为土地市场化提供制度化环境，为了更好地促进土地市场化，中央政府开始进行配套政策改革，土地征收征用政策也得到了足够的重视。

土地规划政策首次出现是在1981年，但1982～2002年，就仅有1984年和1999年出现过，其他年份均没有提及。这说明在中国改革开放的前25年，土地规划政策并没有得到中央政府的重视。2003～2008年土地规划政策重新开始出现，这是土地规划政策出现的唯一密集时期，2009年以后政府工作报告就再没有提及土地规划。这也源于2002年土地市场化改革，土地的开发利用应以科学合理的土地规划为前提。土地规划此时引起了中央政府的重视，国土资源部也颁布了一系列相关政策文件，其中要关键的两个政策就是2003年的《全国土地开发整理规划》，以及2008年的《全国土地利用总体规划纲要（2006～2020年)》。

政府管制政策集中出现在2004～2012年，这是中国土地政策史上管制最严格的一段时期。这是由于土地市场化之后，出现了很多违法违规行为亟待解决，中央政府开始加大土地管制的力度，土地管制政策的关注度和重要程度显著提升。在此政策方针的指引下，2004年6月国务院颁布《关于加强国有土地资产管理的通知》，该通知要求"严格控制建设用地土地供应量"。同年10月国务院继续颁布《关于深化改革严格土地管理的决定》，加大土地监管力度①。之后2005年的国八条、2006年的国六条、2008年国十条和2012年的新国十条等政策陆续出台，中央政府对土地监管的力度越来越大。

土地登记政策出现在2012年，在2012～2015年四年有所提及。可以看出，土地登记政策在40年的土地政策改革史上仅出现了四年，是中央政府关注力度最低的政策。中央政府从2012年开始关注土地登记政策，提出"要认真搞好土地确权登记颁证"。在此政策方针的指引下，国土资源部同年9月出台《国土资源部关于规范土地登记的意见》，用以指导和规范地方政府土地登记行为。

从上述六类土地监管政策的演进分析可以发现，中国土地监管政策呈现出"前松后紧"的阶段性特点。政策前后的分界点出现在2002年，在2002年以前政策相对宽松且关注点较少，而2002年以后土地监管政策出台

---

① 《关于深化改革严格土地管理的决定》，国发〔2004〕28号，2004年10月。

比较密集且覆盖面较广。此外，还可以发现六类土地监管政策之间具有较强的关联性，政策之间彼此支撑，共同构建出科学合理的土地监管体系。

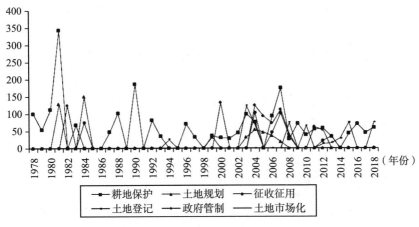

图 4-4　六类土地监管政策频数变化趋势

第二节　中国土地出让制度的发展

一、土地出让的概念

《中华人民共和国宪法》第十条明确规定："城市的土地属于国家所有。农村和城市郊区的土地，除由法律规定属于国家所有的以外，属于集体所有；宅基地和自留地、自留山，也属于集体所有。任何组织或者个人不得侵占、买卖或者以其他形式非法转让土地。"[①] 由《宪法》可知，土地的所有权归国家和农村集体组织，且土地所有权不得以任何形式非法转让，所以除国家和农村集体组织以外的任何人和组织都不可能获得土地的所有权。

1982 年中国开始实施的家庭联产承包责任制要求将土地所有权和使用权分离，其要求在保留集体经济必要的统一经营的同时，集体将土地和其他生产资料承包给农户，承包户根据承包合同规定的权限，独立作出经营决策，并在完成国家和集体任务的前提下分享经营成果。同年，《中华人

① 《中华人民共和国宪法》，1982 年，中国人大网 http://www.npc.gov.cn/wxzl/wxzl/2000-12/06/content_4421.htm。

民共和国宪法》第十条也明确规定"土地的使用权可以依照法律的规定转让。一切使用土地的组织和个人必须合理地利用土地。"① 这从法律层面将土地的使用权与所有权分离，并且可以让土地的使用权依法进行转让。

因此，土地出让指的是国有土地使用权的出让。中国1990年颁布的《中华人民共和国城镇国有土地使用权出让和转让暂行条例》中对于土地使用权出让进行了法律界定，其明确指出："土地使用权出让是指国家以土地所有者的身份将土地使用权在一定年限内让与土地使用者，并由土地使用者向国家支付土地使用权出让金的行为。"② 同时该条例还指出："土地使用权的出让，由市、县人民政府负责，有计划、有步骤地进行。"因此，可以知道中国国有土地出让的主体是市和县两级政府。

二、土地出让制度的确立

从1949年中华人民共和国成立之初，中国就确立了土地的公有制度，在此阶段中国土地多是通过行政划拨的方式进行供给，土地的使用上采用无偿、无限制的供给模式。直到1979年，《中外合资经营企业法》提出："可以向中外合资企业收取场地使用费。③"此法规的出台标志着中国开始呈现出土地有偿使用的雏形。随后，深圳特区于1982年开始试点，尝试给城市土地进行分级，并按照不同等级收取土地使用费。1987年4月，国务院提出："土地使用权由过去的无偿、无限期使用转变为有偿、有限期使用"，同年12月，深圳市首次进行国有土地拍卖。此时，土地有偿使用的制度开始萌芽。

1988年12月，中国政府第一次修改了《土地管理法》，其规定："中国实行土地有偿使用制度，可以依法转让国有土地使用权。④"这标志着中国土地有偿使用制度的正式确立，从而使土地有偿使用制度在全国范围内开始推行。在这个阶段，土地有偿使用的方式采用的是出让和租赁并存的方式，而土地出让主要以协议的方式为主。1998年中国政府第二次修订了《土地管理法》，确定了中国土地管理的制度框架，规定了中国土地有偿使用的方式以土地出让的方式为主，土地出让的方式则包括协议、招标

---

① 《中华人民共和国宪法》，1982年，中国人大网 http：//www. npc. gov. cn/wxzl/wxzl/2000 - 12/06/content_4421. htm。

② 《中华人民共和国城镇国有土地使用权出让和转让暂行条例》，国务院令【第55号】，1990年5月19日。

③ 《中华人民共和国中外合资经营企业法》，全国人民代表大会常务委员会委员长令第7号，1979年7月1日。

④ 《中华人民共和国土地管理法修订本》，1988年12月29日。

和拍卖三种方式为主。

2002年5月，中国出台了重要的十一号文件《招标拍卖挂牌出让国有土地使用权规定》，该规定明确提出："所有土地出让都必须通过招标、拍卖或挂牌方式进行。①"该制度的出台规范了中国土地出让的方式，在今后中国土地出让的过程中，建立了以招拍挂三种方式为主，一次性收取土地出让金的城市土地出让制度，这标志着中国土地交易市场化的正式建立。自此，中国土地的出让制度基本形成，土地有偿使用走上了招标拍卖挂牌出让的道路，中国的土地出让管理制度日趋成熟。

图4-5为中国土地出让制度的确立轨迹。

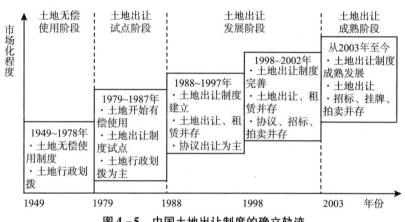

图4-5　中国土地出让制度的确立轨迹

三、土地出让制度的特征

土地出让制度的建立，细化和规范了中国土地管理，使得未来地方政府土地出让行为更加严谨和规范，并进一步提高了土地出让过程中的可操作性，更有利于发挥土地的市场化价值。在中国地方政府土地出让制度的实施过程中具有以下两个方面的典型特征。

第一，土地出让在实施过程中具有"短期性"。地方政府在土地出让时主要采用的是"批租制"的方式，即地方政府可以一次性地缴纳土地未来若干年的使用权出让金[150]。土地出让收入的一次性收费，使得地方政府可以在短期内获得财政收入而不必为未来的决策买单。在中国官员实行的任期制，土地出让的一次性收费可能会导致官员的短期行为，恶化其在

---

① 《招标拍卖挂牌出让国有土地使用权规定》，国土资源部令〔2002〕第11号，2002年5月9日。

任期内对土地财政的过分追求。

第二，土地出让在实施过程中具有"价格主导性"。《招标拍卖挂牌出让国有土地使用权规定》中规定土地出让主要采用招标、拍卖和挂牌三种方式①，而在这三种方式中拍卖和挂牌占的比重越来越大。而在这两种方式中，最终获取土地出让使用权遵循的标准是"价高者得之"的原则。在价格主导的出让机制下，容易引发土地使用者盲目叫价，极易导致土地最终的成交价格远远高出其实际价值，近年来不断涌现的"地王"现象就是由此引发的。在此背景下，地方政府可能会越来越高估土地出让所带来财政收入，并不断推动土地价格的非理性上涨以追求高额的回报。

第三节　土地出让金管理制度的建立

一、土地出让金的概念

中国 1990 年颁布的《中华人民共和国城镇国有土地使用权出让和转让暂行条例》中指出："土地使用权出让是指国家以土地所有者的身份将土地使用权在一定年限内让与土地使用者，并由土地使用者向国家支付土地使用权出让金的行为。"② 因此，土地出让金简单而言就指的是国有土地使用权出让金。

《中华人民共和国土地管理法》（2004 年修正）中明确界定了土地出让金的概念，该法案指出："在土地国有的情况下，国家以土地所有者的身份将土地使用权在一定年限内让与土地使用者，土地使用者一次性或分次支付的一定数额的货币款称为土地出让金。"③

2006 年财政部、国土资源部、中国人民银行关于印发《国有土地使用权出让收支管理办法》的通知中对土地出让金的具体范围进行了界定，其指出"国有土地使用权出让收入（简称土地出让收入）是指政府以出让等方式配置国有土地使用权取得的全部土地价款。"④

---

① 《招标拍卖挂牌出让国有土地使用权规定》，国土资源部令〔2002〕第 11 号，2002 年 5 月 9 日。

② 《中华人民共和国城镇国有土地使用权出让和转让暂行条例》，国务院令〔第 55 号〕，1990 年 5 月 19 日。

③ 《中华人民共和国土地管理法》（2004 年修正），全国人大常委会，2004 年 8 月 28 日。

④ 财政部国土资源部中国人民银行关于印发《国有土地使用权出让收支管理办法》的通知，财综〔2006〕68 号，2006 年 12 月 31 日。

2006 年的《国有土地使用权出让收支管理办法》还指出："国有土地使用权出让收入具体包括：以招标、拍卖、挂牌和协议方式出让国有土地使用权所取得的总成交价款（不含代收代缴的税费）；转让划拨国有土地使用权或依法利用原划拨土地进行经营性建设应当补缴的土地价款；处置抵押划拨国有土地使用权应当补缴的土地价款；转让房改房、经济适用住房按照规定应当补缴的土地价款；改变出让国有土地使用权土地用途、容积率等土地使用条件应当补缴的土地价款，以及其他和国有土地使用权出让或变更有关的收入等。"①

从土地出让金的概念可以知道，土地出让金是政府分一次性或多次性收取的特定年限的土地使用权的全部土地价款。土地出让金的收取主体是政府，因此，土地出让金属于政府财政收入。

二、土地出让金的征收主体

1995 年财政部和国家土地管理局颁布《关于加强土地使用权出让金征收管理的通知》中强调："财政部门是土地出让金收入的主管机关，土地行政管理部门是土地出让金的代征机关，其他部门和单位一律不得代为征收。"②

2006 年国务院办公厅《关于规范国有土地使用权出让收支管理的通知》中再次明确规定："土地出让收入由财政部门负责征收管理，可由国土资源管理部门负责具体征收。国土资源管理部门和财政部门应当督促土地使用者严格履行土地出让合同，确保将应缴的土地出让收入及时足额缴入地方国库。"③

因此，从该制度中可以知道财政部门和国土资源管理部门是负责土地出让金征收工作的主体部门，两个部门共同配合完成土地出让金的征收工作，确保土地出让所获得的全部收入金额按要求缴入国库。

土地出让金征收具体做法是：国土资源管理部门根据土地出让合同核算国有土地使用权出让金，并填发"缴交国有土地使用权出让金登记单"送交财政部门和土地受让方，督促和监督土地受让方按规定向财政部门缴

---

① 财政部、国土资源部、中国人民银行关于印发《国有土地使用权出让收支管理办法》的通知，财综〔2006〕68 号，2006 年 12 月 31 日。

② 财政部，《财政部、国家土地管理局关于加强土地使用权出让金征收管理的通知》，财综字〔1995〕10 号，1995 年 1 月 26 日。

③ 国务院办公厅，《国务院办公厅关于规范国有土地使用权出让收支管理的通知》，国办发〔2006〕100 号，2006 年 12 月 17 日。

纳土地出让金。财政部门按照国土资源管理部门填报的清单负责土地出让金的收缴，并确保土地出让金按要求缴入国库。

三、土地出让金的分配格局

在中国历次的财政管理改革中，改革的焦点都聚焦于政府间财政收入分配模式和分配比例的确定。围绕土地管理所进行的财政改革也不例外，其历次改革的焦点也聚焦于土地出让收入的分配上。尤其土地出让制度的推行，使得土地出让收入的分配问题显得其为重要，甚至成为了地方政府和中央政府博弈的焦点所在。1989年《国务院关于加强国有土地使用权有偿出让收入管理的通知》中首次提出："凡进行国有土地使用权有偿出让的地区，其出让收入必须上交财政。土地使用权有偿出让收入，40%上交中央财政，60%留归地方财政。"①

同年9月，财政部调整了这一比例，要求："土地使用权出让收入扣除土地出让业务费后，全部上缴财政。上缴财政部分，取得收入的城市财政部门先留下20%作为城市土地开发建设费用，其余部分40%上缴中央财政，60%留归取得收入的城市财政部门。"② 这么一来中央财政的比例调整为32%，地方财政的比例调整为48%。通过这两个文件可以发现，在土地财政收入分配的初期，中央政府和地方政府的收益基本上是相等的，没有太大差异，地方政府并没有从土地出让的过程中获取更多财政收入。

1992年9月《关于国有土地使用权有偿使用收入征收管理的暂行办法》出台，财政部在此办法中又重新调整了土地出让收入在中央政府和地方政府之间的分成比例，并首次提出"土地出让金"的概念。该规定首次提出"将土地出让金纳入国有土地使用权有偿使用收入的范围，并只要求把5%的土地出让金上交中央，95%归地方政府所有"③。1994年分税制改革后，鉴于地方政府财政的困难，中央政府在进行财政收入划分时，又放弃了对土地出让收入5%的分成，其将"土地收入划分为地方固定收入，不再参与财政收入的分成"④。自此，土地出让收入作为地方政府的固定收入全部落在了地方政府的口袋，地方政府成为了土地出让过程中最

---

① 《国务院关于加强国有土地使用权有偿出让收入管理的通知》，国务院国发〔第38号〕，1989年5月12日。

② 财政部关于颁发《国有土地使用权有偿出让收入管理暂行实施办法》的通知，财综字〔第94号〕，1989年9月26日。

③ 《关于国有土地使用权有偿使用收入征收管理的暂行办法》，财综字〔第172号〕，1992年9月21日。

④ 《国务院关于实行分税制财政管理体制的决定》，国发〔1993〕85号，1993年12月15日。

大的受益人。

《中华人民共和国土地管理法》（1988 修订）对土地收益的类型进行了划分，将其分为存量土地收益和增量建设用地收益。要求："新增建设用地的土地有偿使用费，30% 上缴中央财政，70% 留给有关地方人民政府，都专项用于耕地开发。"① 由上述制度可以发现，地方政府和中央政府间土地财政收入分配格局的确立，使得地方政府独享土地出让收入，土地成为地方政府可以自由支配的财政资源。

四、土地出让金的收支管理

作为土地出让金管理的重要环节，土地出让金的收支管理工作一直得到了中央政府的高度重视，近几年国家几乎每年都会出台相关的法律法规来完善土地出让金收支的各个环节，也使得土地出让金的收支管理工作日趋完善。

1992 年财政部出台的《关于国有土地使用权有偿使用收入征收管理的暂行办法》中规定："有关土地出让金和土地收益金的征收管理、财务管理等具体办法，由各省、自治区、直辖市和计划单列市财政部门自行制定。"② 这一制度规定了土地出让金由地方政府全权管理，且土地出让金不用纳入地方政府预算。此时数额巨大的土地出让金属于政府预算外收入的范畴，可以被地方政府自由支配。

2006 年国务院办公厅出台的《国务院办公厅关于规范国有土地使用权出让收支管理的通知》中重新对土地出让金管理进行界定，该通知要求："从 2007 年 1 月 1 日起，土地出让收支全额纳入地方基金预算管理。土地出让收入全部缴入地方国库，支出一律通过地方基金预算从土地出让收入中予以安排，实行彻底的'收支两条线'。而且在地方国库中设立专账，专门核算土地出让收入和支出情况。"③

这一制度确定了土地出让金从政府预算外收入正式转为预算内收入，加强了对土地出让金的预算管理。同时土地出让金实施收支两条线管理，使得土地出让金收入和支出互相独立，互不干扰，这样在一定程度上避免了土地出让金被滥用、挪用的现象，使得土地出让金的使用更加规范。

---

① 《中华人民共和国土地管理法（1998 修订）》，全国人大常委会，1998 年 8 月 29 日。

② 财政部关于颁发《国有土地使用权有偿出让收入管理暂行实施办法》的通知，财综字〔第 94 号〕，1989 年 9 月 26 日。

③ 国务院办公厅，《国务院办公厅关于规范国有土地使用权出让收支管理的通知》，国办发〔2006〕100 号，2006 年 12 月 17 日。

第四节　软预算约束视角下地方政府土地财政问题剖析

一、土地财政与软预算约束

在第三章中本书综述了国内外学者的研究观点，学者们提出地方政府的某些组织行为与传统社会主义计划经济中的软预算约束有着许多相似之处，地方政府在面临困境时，其能够通过向上级游说、银行借贷、收费等多种方式获取更多的财政资源，从而不断扩大已有的预算限制，此时地方政府的预算约束也是软的。金菁和邹恒甫将中国地方政府软预算约束的表现形式分为了六种方式[176]：（1）通过拨款分配和税收的讨价还价从中央政府获取转移支付；（2）政府补贴；（3）从商业银行进行借贷和信贷；（4）创建虚拟金融公司间接借贷和国外借款；（5）调整税收策略吸引外资；（6）依靠预算外资金和税收的附加费。由此可以得出，地方政府预算外收入软化了地方政府的预算约束，使其可以依靠预算外收入不断扩大政府支出而不受已有的预算约束。因此，地方政府的预算外收入是地方政府软预算约束的表现形式之一。

土地交易作为一种有效的财政工具，能够为地方政府获取大量的预算外收入，这些预算外收入可供地方政府自主支配，从而使得地方政府突破体制内预算约束的限制[94-97]。周飞舟研究发现，地方政府在一般预算财政以外，发展出了另一个资金规模巨大、完全由地方政府自己掌控的、以土地收入为中心的预算外财政，甚至于在我国东部地区很多地方政府的土地收入的规模相当于甚至大于当地财政预算收入的规模[111]。学者秦晓静的研究认为，地方政府利用土地出让来换取财政资源和财政收益的行为，符合软预算约束文献中对其的特征描述[189]。由此可以得出，地方政府利用土地出让来换取财政资源和财政收益的行为，符合软预算约束文献中对其的特征描述，土地财政可以说是地方政府软预算约束的表现形式之一。

地方政府的土地财政更多的是通过自上而下的方式获取预算外资源，其与传统的自下而上的软预算约束方式方向上是相反的。因此国内学者周雪光提出了"逆向软预算约束"的概念，其认为"逆向软预算约束"的状况与传统模式描述的情形相似，但其发生作用的方向相反，政府行为不是自下而上地向上级部门索取资源，而是自上而下地索取资源。因此，不仅需要关注基层政府与上级政府之间的关系，也要关注基层政府与下层单位的关系，要从两个方向的关系对问题进行分析[34]。鉴于此，本书从自上而下和自下而上两条路径出发，在分析地方政府与中央政府以及地方政府与公众互动关系的基础上，识别约束土地财政的关键因素。

同时，与传统的软预算约束一样，逆向软预算约束也有着深刻的组织制度根源，可以分为激励机制和约束机制两个方面的影响。激励机制对地方政府土地财政行为的动机有着重要的影响，而约束机制决定这种行为能否存在[34]。因此，本书将在软预算约束理论视角下，从激励和约束两方面入手剖析可能影响地方政府土地财政的因素，从而有针对性地提出未来硬化预算约束环境的制度优化路径，为有效治理我国地方政府土地财政问题提供政策建议。

二、软预算约束视角下土地财政的影响因素分析

（一）激励机制下土地财政的影响因素

目前国内学者多从财政激励视角分析土地财政的影响因素，地方政府所面临的财政压力被认为是导致土地财政的根本原因之一。学者们普遍认为地方政府所承担的社会事务日益增多，但是其在预算内可支配的财政收入有限，财力与事权的不对等使得部分地方政府面临"财政困境"[190-192]。地方政府为了缓解不断增大的财政压力，在预算内收入增长有限的情形下，只有通过寻求预算外收入来减轻财政压力，此时以土地出让金为主要构成成分的非预算资金成为地方政府主要倚重的财政增长方式[193-199]。唐云锋和马春华[200]、武普照等[201]、郑骏川[202]等学者的实证研究更是进一步验证了一个地区所面临的财政压力越大，则该地区土地财政收入增长越快。

地方财政自给能力是指在不依赖上级政府财政援助的情况下，各级政府独立地为本级支出筹措收入的能力，地方财政自给能力问题的实质就是地方财力与事权的匹配问题[203]。地方财政自给能力反映了地方政府财政自收自支水平[204]，是指财政收入在财政支出中所占的比重，其比重越大表明财政收入与支出之间的差距越小，地方政府面临的财政压力越小。反之比重越小则表明财政收入与支出之间的差距越大，地方政府面临的财政压力越大。地方政府财政自给能力的提高，能够有效减少地方政府财政收入与财政支出之间的差距，从而缓解地方政府财政压力，减少地方政府对预算外资源的需求，从而可能会影响土地财政[72]。

当地方政府面临财政匮乏局面时，其改善自身财政自给能力的调适行为不外乎"开源""节流"两种对策[205,206]。"开源"即是从财政收入层

面入手，试图通过扩大税收、收费等一切手段增加地方政府财政收入。面临财政压力时地方政府既可以通过税收，也可以通过税收以外的方式汲取收入。当地方政府预算内收入不足，以及缺乏预算内收入自主权时，其将更多地依赖预算外非税收入渠道来实现财政收入的增加[207]。国有土地的特征和土地出让金分成的制度安排使得国有土地出让成为地方政府极具潜力的非税收入基础[208]。

提高地方财力的自给度，强化税收在地方财力中的主体地位，有利于提高地方财力的自主性，能够有效缓解地方政府对非税收入特别是土地出让收入的依赖[209]。席鹏辉和梁若冰对福建、浙江、江西三省195个县的实证研究表明，税收收入增长不仅客观上减少了相应的地方政府非税收入，而且改变了地方政府收入筹集模式，使地方政府主观上放弃了对非税收入增长的依赖[210]。白彦锋等[211]、王佳杰等[212]、谷成和潘小雨[213]的实证研究也进一步证明税收收入对非税收入具有显著负向影响，税收收入比重的提升会挤出非税收入。

在财政分权体制下，收入划分核心是税收收入在中央和地方之间的分配，其直接关系到各级政府财力格局的形成[214]。提高中央与地方收入权限层面的财政收入分权，必然会提高地方政府的收入能力，改善地方财力的自主性，有利于减少其对预算外收入的依赖。李婉[207]、席鹏辉和梁若冰[210]、王志刚和龚六堂[215]、吴金光和毛军[216]等学者的实证研究发现，地方政府收入分权程度提升会显著减少其对预算外收入的依赖。因此，通过提高地方政府财政收入分权，把更多的收入资源和收入权力让渡给地方政府，能增加其财政的自给程度，在一定程度上有效缓解财政压力，降低了地方政府对土地财政的依赖。

"节流"即是从财政支出层面入手，通过重新界定支出方向，限制支出规模等手段来规范财政支出。随着经济社会发展，居民对基本公共服务需求持续增加，政府职能随之扩张，政府财政支出压力不断加大[217]。地方政府预算外收入存在的部分原因在于弥补预算内财政支出资金的不足，当地方政府承担的财政事权过多，财政收入不足以保障地方政府履行既有职能，地方政府通过非税收入等方式弥补财政支出的不足就成为现实选择。在预算内财政支出资金比较紧张的地区，其对预算外收入的依赖程度也会越高[218]。土地出让金作为地方政府可以自由支配的预算外财政资源，能够有效弥补地方政府财政支出的不足。

财政支出分权划分核心是支出责任在中央和地方之间的分配，中央与地方财政支出分权的加大，会造成政府间支出责任下移，有可能引发地方政府的财政负担[219]，从而致使其在预算外寻找替代财源[220]。王志刚和龚六堂的研究发现，地方政府很多预算外支出都需要非税收入作为资金来源，因此预算内外总支出分权会提高地方政府非税收入比例[215]。李婉[207]、白宇飞和杨武建[221]等学者的实证研究发现，地方政府财政支出分权程度的提高则会导致地方政府非税收入规模的膨胀。因此，在收入分配一定的情况下，地方政府财政支出分权的增加，使得地方政府承担的支出责任越多，在一定程度上增加了地方政府的财政压力，会使其越依赖土地出让带来的预算外收入。当然这个结果也意味着，在给予地方政府更多收入的同时，适当减少地方政府的支出，也将有助于降低其对土地财政的依赖。

地方政府的可支配财力除了自有财力之外，还包括上级政府的转移支付。转移支付制度是财政体制的重要组成部分，是均衡政府间财政关系的一种重要的制度安排和有效的政策工具[222]。转移支付制度能在两个方面起到作用，一方面，转移支付发挥了中央财政的再分配功能，能够调节地方政府财力，较好解决由于财力及公共服务提供成本差异所带来的地区差距；另一方面，转移支付可能会对地方政府支出决策和行为产生影响，即中央政府通过设计科学合理转移支付制度，引导激励地方政府更好提供公共服务[223]。

通过不断加大对地方政府转移支付的力度，在一定程度上能够缓解地方政府财政收入的不足。同时，中央政府通过安排转移支付将部分事权支出责任委托给地方政府的同时，也配套了相应的财力支持，在一定程度上能够有效缩减地方政府财政收入和财政支出之间的差距。龚锋和李智[224]，方红生和张军[225]等学者的研究发现，以标准财政收支缺口为资金分配依据的均衡性转移支付，有效发挥了"援助之手"的作用。转移支付弥补了地方政府特别是财政困难地区政府的财政缺口，在保障财政困难地区政府的正常运转以及地方公共服务供给方面发挥了不可或缺的作用。

白宇飞等学者基于 1997～2006 年省级面板数据的实证研究发现，每个省（自治区、市）的人均转移支付增加 1 元，人均政府非税收入就会降低 0.11 元[226]。这说明人均转移支付的增加，缓解了地方的财政困难，降低了地方政府对于非税收入的依赖，从而抑制了非税收入的增加。白宇飞和杨武建又基于 2012～2017 年省级面板数据再次验证了该假设，该实证研究依然发现转移支付数量的增加降低了地方政府对非税收入的依赖，进而抑制非税收入的过快攀升[221]。因此，转移支付在一定程度上缩减了地方政府财政收入和财政支出之间的差距，缓解了地方政府财力与事权的不对等状况，从而部分遏制了地方政府依赖土地财政等预算外收入。

组织行为学研究提出在一个组织中，有意识的组织设计可以提供相应的激励机制，引导成员行为。中央和地方财政关系一直是党中央着力改革和完善的重要内容[227]。党的十八大以来，以习近平同志为核心的党中央为构建中央与地方财政关系，进行了卓有成效的改革。习近平总书记在中共十八届三中全会发表重要讲话，指出"财政是国家治理的基础和重要支柱，科学的财税体制是优化资源配置、维护市场统一、促进社会公平、实现国家长治久安的制度保障。要完善税收制度，建立事权和支出责任相适应的制度。"①

2014 年习近平总书记主持的中共中央政治局会议审议通过《深化财税体制改革总体方案》，该方案中进一步明晰了调整中央和地方政府间财政关系的路线图。《总体方案》指出："在保持中央和地方收入格局大体稳定的前提下，进一步理顺中央和地方收入划分，合理划分政府间事权和支出责任，促进权力和责任、办事和花钱相统一，建立事权和支出责任相适应的制度。"②

习近平总书记在十九大报告中进一步提出要建立央地新型财政关系，为中国特色社会主义新时代推进财政管理体制改革提供了根本遵循。习近平总书记提出"加快建立现代财政制度，建立权责清晰、财力协调、区域均衡的中央和地方财政关系。"③"权责清晰"重点强调合理划分政府间事权和支出责任，"财力协调"重点关注通过政府间收入划分改革构建中央和地方合理的财力格局，"区域均衡"着力增强财政困难地区兜底能力，稳步提升区域间基本公共服务均等化水平。④

通过对党中央财税体制改革顶层设计的解读，可以发现央地财政关系改革的目标是优化政府间事权和财权划分，形成稳定的各级政府事权、支出责任和财力相适应的制度。改革的关键在于优化收入划分模式、完善政府责权划分、完善转移支付制度。通过前述对于土地财政影响因素的分析可以发现，收入划分、责权划分、转移支付都是影响我国地方政府土地财政的重要因素。新一轮的财政管理体系改革为治理土地财政问题指明了方

---

① "中共十八届三中全会在京举行，习近平作重要讲话"，人民网，2013 年 11 月 13 日，http：//cpc. people. com. cn/n/2013/1113/c64094 - 23521588. html。

② "中共中央政治局召开会议审议《深化财税体制改革总体方案》等"，人民网，2014 年 6 月 30 日，http：//politics. people. com. cn/n/2014/0630/c1024 - 25220273. html。

③ "习近平在中国共产党第十九次全国代表大会上的报告"，人民网，2017 年 10 月 28 日，http：//cpc. people. com. cn/n1/2017/1028/c64094 - 29613660. html。

④ 肖捷，"加快建立现代财政制"，人民网，2017 年 12 月 20 日，http：//theory. people. com. cn/n1/2017/1220/c40531 - 29717739. html。

向，未来需要围绕收入划分、责权划分、转移支付三个方面深入探讨制度创新的空间，从而改善地方政府"土地财政"依赖问题。

（二）约束机制下土地财政的影响因素

从中国土地出让金制度发展的论述中，可以发现分税制后中央政府为了缓解地方政府的财政压力，将土地财政收入划拨为地方政府的固定收入，不参与预算分成，全部留在地方以供建设作用。而且土地出让金收入的征收和管理全部由地市级政府自行决定。这说明当时地方政府的自由权限很大，可以自由支配土地财政收入。此时，土地财政收入资金没有受到严格的监督，能够供地方政府随意使用，软预算约束情况严重。因此，地方政府土地出让过程中如果建立一个强有力的约束机制，那么将会从制度层面遏制地方政府土地财政冲动，缓解地方政府通过土地财政突破预算限制的动机。

一个强力的约束机制取决于两方面：一方面是约束主体，只有当约束主体的约束能力和约束意愿都较强时，这个约束机制才会有效。另一方面是好的约束信息基础，如果约束主体和被约束对象的信息不对称，则约束主体很难对被约束对象进行有效的约束[78]。因此，本书将从约束主体和约束信息对称两个方面，分析影响土地财政的可能因素。诚如前述所分析的，可以对地方政府行为进行约束的主体包括上级政府和社会公众，本书从自上而下和自下而上两条路径出发，分析中央政府和社会公众对地方政府土地财政的约束。

我国近年来财政管理改革的重要举措之一就是加强政府间的财政纪律和硬化预算约束，改善软预算约束的制度环境。为了硬化预算约束，加强中央政府对于地方政府土地出让金监管的力度，中央政府在 2006 年出台了《国务院办公厅关于建立国家土地督察制度有关问题的通知》，该通知要求设立国家土地总督察和副总督察组织实施国家土地督察制度，并且向地方派驻 9 个国家土地督察局，代表国家土地总督察履行监督检查职责。① 土地督察制度的建立加大了中央政府对于地方政府土地出让行为的监管，也加强了对土地出让金的使用，在一定程度上硬化了预算约束机制。

同时，为规范地方政府土地财政收入，在 2007 年 1 月 1 日国务院发布通知将土地出让金纳入地方预算，实行收支两条线，并加强了土地出让金的预算监督。中央政府不断在强化土地监管，硬化预算约束环境，有利

---

① 《国务院办公厅关于建立国家土地督察制度有关问题的通知》，国办发〔2006〕50 号，2006 年 7 月 13 日。

于保障地方政府土地出让的规范性，降低地市级政府土地出让的随意性，从而遏制地市级政府土地财政的冲动。

根据我国《宪法》和《土地管理法》规定，中华人民共和国实行土地的社会主义公有制，即全民所有制和劳动群众集体所有制，土地所有权由国家代表全体人民行使。公众作为委托人，把土地资源委托给政府管理，其有责任监管政府土地使用情况。因此，除了自上而下的监管路径外，地方政府土地出让还存在自下而上的监管路径，引入公众参与地方政府土地出让监管有利于缓解土地财政问题。但是公众和政府之间存在信息不对称的情况，公众很难对政府进行监督。政府财政透明度的提升有利于公众及时、充分地获取政府的财政信息，改善政府和公众间的信息不对称局面，从而正确评价政府行为表现，促进政府行为改善。

2008年5月1日《中华人民共和国政府信息公开条例》正式实施，其要求政府向外界公开财政信息。① 2014年《新预算法》正式颁布，该法案要求政府预算必须向公众公开。② 在两个制度的要求下，地方政府开始公布政府预算。此外，财政部和国土资源部2015年9月出台《关于进一步强化土地出让收支管理的通知》中明确提出"各地区要建立健全土地出让收支信息公开制度，每年在本级政府门户网站上公开本地区年度土地出让收支情况，自觉接受社会监督。"③ 政府土地财政信息的公开更将有利于公众监管政府土地财政行为，能够有效地预防土地腐败，进而缓解地方政府土地财政冲动。

从上述的分析可以发现，中国自上而下和自下而上双向监管体系的建立，以及土地出让收支信息公开制度的建立，强化了制度约束机制，硬化了预算软约束的环境，在一定程度上有效遏制了地方政府预算外攫取财政资源的行为，缓解地方政府土地财政冲动。

三、软预算约束下土地财政的影响效应

（一）土地财政对经济发展的影响

现阶段中国经济增长主要是靠投资拉动，因此，地方政府具有强烈的投资偏好。然而，地方政府投资是需要成本的，地方政府通过出让土地获取的大量资金为地方政府实现投资扩展提供了可能。除此之外，地方政府

---

① 《中华人民共和国政府信息公开条例》，国令〔第492号〕，2007年4月5日。

② 《中华人民共和国预算法（2014修正）》，主席令〔第12号〕，2014年8月31日。

③ 财政部、国土资源部，《关于进一步强化土地出让收支管理的通知》，财综〔2015〕83号，2015年9月17日。

还可以通过财政担保和土地抵押的方式取得更大规模的金融贷款来投入城市建设，这为地方政府带来了财源保障[111]。

同时与企业类似，地方政府在软预算约束的制度环境下，也更倾向于更多的建设支出。在软预算约束的制度环境下，土地财政的出现进一步改变了地方政府的支出偏好。土地财政引发了地方政府的投资热情，使得地方政府具有投资偏好，使得土地出让获取的大量资金有可能大量被用于基础设施建设，从而促进了地区经济的快速发展。

因此，土地对于中国地方经济发展的促进作用，主要表现在：首先，土地财政为地方政府提供了充足的收入来源，保障了地方经济发展的顺利进行。其次，为了加强地方政府在晋升中的绝对优势，提高政府财政收入，各级地方政府都倾向于采用十分优惠的价格出让土地，进行招商引资，从而促进了城市的扩张和经济的发展。

（二）土地财政对公共服务的影响

地方政府在面临软预算约束时，往往能够获得大量预算外收入，地方政府在预算外收入上常常拥有更大自主权。当地方政府拥有自主安排财政收入的权力时，地方政府自主安排和调整政府支出成为可能。此时，地方政府倾向于将这些预算外收入投入基础设施建设等资源密集型工程中，从而导致地方政府过度关注建设投资[228,229]。现有研究发现，当地方政府关注基础设施建设等方面的支出时，将会压缩和减少科教文卫方面的公共支出，从而导致公共服务水平的降低。因此，地方政府在软预算约束的情形下，更多的是发展经济和基础建设，而非关注公共服务的提升。

然而，地方政府财政收入的提高，使得地方政府财政收入和支出之间的缺口不断缩小，使得地方政府有能力在公共支出领域投入更多资金，从而有效地促进地方政府公共服务绩效的提高。此外，地方政府土地出让不仅有效促进了财政收入增长，还促进了地区经济发展，在一定程度上释放了地方政府发展经济的压力，使得地方政府将地区发展重点从企业转移到公共物品提供上，使其有更多精力去关注公共服务供给，从而有效地提高地区公共服务供给水平。因此，地方政府土地财政会影响地区公共服务，但两者之间可能存在复杂的非线性影响关系，这一关系会在后续的章节继续讨论。

第五节　本　章　小　结

本章首先采用文本分析的方法，对中国改革开放四十年以来土地政策的演进进行全面综合分析，从国家宏观战略层面深入剖析了土地政策演进的内在逻辑和阶段特征。其次本书在界定土地出让概念的基础上，梳理了土地出让制度的发展脉络，并凝练了我国土地出让制度的政策特征。再次从土地出让金的征收主体、分配格局和收支管理三个方面，解读了我国土地出让金管理制度的核心内容。最后在软预算约束理论视角下，剖析了地方政府土地财政可能的影响因素和影响效应。

通过对已有制度梳理和理论分析，得到了如下重要的研究启示。

首先，本书梳理了地方政府土地出让制度与土地出让金管理相关制度，对地方政府土地财政问题产生的制度背景予以阐述，有助于深入理解土地财政问题的形成机理和运行机制，理清土地财政问题产生的现实背景。同时通过对相关制度的梳理，本书进一步明晰了地方政府土地出让主体、土地出让收益分配格局和土地出让金管理方式等，这都为后面理论构建和实证检验奠定了现实基础。

其次，通过对中国改革开放四十年以来土地政策的演进分析，可以发现中央政府不断在强化对地方政府的土地监管力度。这一变化不仅表明中央政府想要规范土地管理、整顿土地财政问题的决心，更提示本书加大土地监管力度，将会"硬化"制度环境，从而可能缓解土地财政问题。因此，本书未来需要从约束制度入手，剖析土地监管制度对于土地财政的影响机制。

再次，影响土地财政的因素可以分为激励机制和约束机制两个方面，从激励机制来看收入划分模式、政府责权划分、转移支付制度都将从制度层面调节地方政府财政收入和财政支出的差距，从而影响地方政府土地财政。从约束机制来看强化政府土地监管、规范预算管理制度和加大信息公开力度都将有利于加强土地出让监管力度，从而影响地方政府土地财政。

最后，本书认为，地方政府土地财政会影响区域经济和社会发展。土地财政给地方政府带来了大量的额外收入，有可能使得地方政府投入大量财政资源用于基础设施建设，从而促进了地区的经济发展。同时也有可能保障地方政府公共物品的供给，从而促进地方政府公共服务供给水平的改善。但也有可能地方政府大量投资基本设施建设，带来公共支出服务的挤压，会降低地方政府公共服务供给，土地财政与公共服务之间呈现一个复杂的非线性影响关系。

第五章 研 究 设 计

第一节 研究对象和数据

一、研究对象

本书研究的核心问题是地方政府土地财政的前因后果，关注地方政府土地财政的影响因素，以及土地财政的实施效应。因此在进行研究之前，首先需要明确在中国，地方政府进行土地出让的行为主体究竟是哪一层级的政府。1998 年中华人民共和国国务院颁布的《土地管理法》中就曾明确指出，"土地使用权的出让由市、县人民政府组织实施[①]"。因此，由上述相关的政策法规可以发现，在中国四级地方政府中，只有地市级和县级政府才是地方政府土地出让的主体。

然而，在中国县级政府的土地财政数据以及相关经济数据有限，对于本书来说较难获得。因此，囿于数据获取手段的限制，本书将选择中国地市级政府作为研究对象。地方政府的土地财政问题在中国属于普遍行为，每个地市每年都会有大范围的土地被出让。因此，为了反映中国地市级政府土地财政问题的全貌，本书采用整群抽样的方法来选取研究样本，即中国所有的地市级政府都将是本书研究样本的来源。2003 年以后中国共有 283 个地级市，但因为西藏和江西下辖的地市级政府土地财政数据的缺失，所以本书剔出了这两个省下辖的所有地市级城市，因此本书最终的样本为中国 271 个地市级政府。

---

① 《中华人民共和国土地管理法实施条例》，国务院令第 256 号发布，国务院办公厅，1998 年 12 月 27 日。

二、研究数据

（一）数据来源

实证研究的数据一般有一手和二手之分，虽然一手数据更为直观和准确，但是因为本书研究样本的覆盖范围较广，数据收集成本较高，且土地财政的研究又较为敏感，因此想要获取一手的数据较为困难。反而二手数据具有样本量大、成本低廉、可重复性强（信度高）、对研究对象无干涉等优点，能够较好地满足本书的需要，所以本书计划采用二手数据进行相关的实证检验。在本书研究中核心变量的数据均来源于中国公开发行的统计年鉴，具体的数据来源详见后续各章内容介绍。

《招标拍卖挂牌出让国有土地使用权规定》规范了地方政府的土地出让方式，明确未来地方政府的土地出让以招标拍卖挂牌出让的方式进行。该制度的出台从政策层面认可地方政府的土地出让行为，从而激发了地方政府土地出让的冲动。由第一章的图1-1可以看出，2003年前后地方政府的土地出让金收入发生了巨大的改变，地方政府土地出让金占预算收入的比重明显增高。不仅如此，在统计口径上，因为2003年后规定了土地出让金新的核算方式，因此造成2002年和2003年的土地出让金的核算方式上存在很大的出入，2002年以前的数据可比性差。鉴于上述的分析，本书将时间框架定位在2003年及以后，即2003年是本书研究的时间起点。

对于本书数据的时间终点我们选择的是，可获取最近统计年鉴的时间，但因为中国不同的统计年鉴在公开发行的时间上存在不同步性，因此，每一个核心变量能够获取的数据时间终点是不相同的，这也造成后续每章实证研究中数据选取的时间终点并不相同。具体地，每一个实证研究的数据来源和研究时间起点、终点的确定，详见后续各章内容介绍。

（二）数据整理过程

本书从2010年6月开始进行统计年鉴的查找和数据录入工作，2013年6月以及2019年2月又进行了两轮数据的补录工作。每一轮数据的录入环节都会找十名左右研究人员通过EXCEL软件将统计年鉴数据录入计算机。为保证数据录用的准确性，每一轮我们都会将研究人员分为两组，每录完一定数量的数据后，由两组人员分别对对方组的录入数据进行抽查核对，以保证数据录入的准确性。同时，在数据录入结束后，使用EXCEL软件进行逻辑查错，以再次确保数据的准确性。

在数据录入和筛查的过程中发现，个别地市在某一指标上存在数据缺失。对于少量数据的缺失，考虑到该城市在其他测量指标上都有数据信息，而且即使在该指标上也仅是某一年或两年数据的缺失，并不影响整体数据的有效性。因此，本书还保留了这些样本，并采用了二次指数平滑法对这些缺失数据进行了处理；但对于较多的数据缺失，此时我们则选择从研究样本中剔除掉这些地市，具体详见后续各章内容介绍。

同时，因为在本书中涉及大量宏观经济数据，而宏观经济数据最大的特点是具有较大的波动性，容易致使异方差问题的产生。为了消除可能产生的异方差问题，我们对人口规模、财政收入、财政支出、GDP、土地出让金、土地面积等变量进行了对数化处理。经过对数化处理的数据不仅不会改变原始数据的特性，而且还会减少异方差问题的产生，能使回归估计的结果更好。

除此之外，宏观经济数据还会受到通货膨胀因素的影响，因此土地出让金、财政收入、财政支出、GDP等经济指标的统计数据不能完全反映实际的增长状况，必须要剔除掉通货膨胀因素对其的影响。因此，本书为了消除通货膨胀的影响，使用可比价格进行调整，以2003年为基期，其他年份的数据都通过基期进行平减，从而得到了其他年份的实际数值。

第二节　面　板　数　据

一、面板数据的特点

在本书中，所获取的数据即包含了横截面数据的信息，也包含了时间序列数据的信息，这种数据被统称为面板数据（Panel Data）。面板数据能够从时间和截面构成的二维空间反映变量的变化特征和规律[230]，面板数据除了具备时间序列数据的动态性外，还拥有了截面数据可以显示个别样本特性的优点。因此，比起截面数据和时间序列数据，面板数据提供了更为完整的讯息。面板数据相较截面数据和时间序列数据而言，具备了一定的优势。

面板数据的优点表现在以下三个方面：（1）面板数据大大增加了研究的样本量，还能够同时反映研究对象在纵向时间和横向截面两个维度上的信息；（2）相对于截面数据而言，面板数据提高了研究样本的自由度，同时有效地克服了变量之间的多重共线性问题，从而提高了模型参数估计的准确性[231]；（3）面板数据能够更好地反映研究对象的动态特征，从而正确理解变量之间的关系，更好地构建和检验更复杂的行为模型[232]。

对于面板数据而言，如果单纯采用最小二乘法（ordinary least squares，OLS）估计，将无法有效地反映出模型的时间特性和空间特性，因此在统计中最常用的方法，是允许模型的截距项随时间和截面的变化而变化。相对应地，一般采用固定效应模型和随机效应模型两种回归方法。而判断究竟是采取固定效应模型，还是随机效应模型进行估计的方法则是使用豪斯曼（Hausman）检验。在本研究中固定效应模型、随机效应模型、豪斯曼检验都将采用 Stata 13.0 软件分析完成。下面将分别对固定效应模型、随机效应模型、豪斯曼检验进行介绍。

二、固定效应模型

固定效应模型（fixed effects model，FE）是同时考虑了截面与时间序列并存的数据进行估计，其建立的初衷是检验那些随时间变化的变量对因变量的影响，而一些不随时间变化而变化的变量被排斥在固定效应模型之外。在假设上，固定效应与随机效应模型不同，固定效应模型尤其强调：（1）个体范围内的某些因素会影响结果，引起偏差；（2）那些不随时间而变化的变量对于个体而言是独一无二的，这些变量不应该与其他个体的特征相关。

在此模型下，当在时间序列数据无差异性存在的情况下，其允许截面数据有差异性的存在。此可由回归模型中每个样本为观察到的效果部分（截距项）不相等来表示其模型如下：

$$Y_{it} = \beta_0 + \beta_1 X_{it1} + \beta_2 X_{it2} + \cdots + \beta_k X_{itk} + \alpha_i + \varepsilon_{it} \qquad (5-1)$$

其中，$i = 1, 2, \cdots, N$，$t = 1, 2, \cdots, T$，ε_{it} 为误差项，α_i 为没有观察到的效果，以固定的方式出现，表示不受时间的影响，β_0 为常数项，$\beta_1 - \beta_k$ 表示各自变量的回归系数，X_{itk} 表示第 i 个个体在第 t 期的第 k 个自变量，而 i 代表截面观察个体的数量共有 N 个，而 t 代表时间序列的长度，共有 T 期。

在固定效应模型中，其优点是不需要对模型作太多的假设，使得模型接近真实情况，而其所估计出的估计式也会满足最佳线性不偏。同时随着样本量（N）和时间效应（T）趋近于无穷大的时候，其估计式将具有一致性；但相对来说随着样本量 N 的增加，其遗漏的自由度也会增加。固定效应模型的估计和检验一般采用普通最小二乘法，尤其是当样本量不是很大时，可直接采用普通最小二乘法。但是当样本量很大时，直接使用普通最小二乘法方法的计算量可能会变得非常大，甚至有可能超过计算机的存储容量，一般会分两步对面板数据进行回归分析。

三、随机效应模型

随机效应模型（random effects model，RE）特别着重样本整体间的关系，而非个别样本间的差异。随机效应模型与固定效应模型相似，也同时考虑截面与时间序列并存的数据，且容许截面和纵面数据同时有差异性存在。也就是说各个个体不同的特性，不但来自个别特性的差异，亦会随时间不同而有所改变。随机效应模型表现个体结构差异或时间变动所造成的差异是随机而生，而此随机性来自样本的随机抽样方式，也就是说个体结构的差异或时间变动所造成的差异，其表现形式将落于残差项。

在此模型下，个体效果视为误差项之一，所以和回归式不相关。但若个体效应与回归式间有相关性，则可能会造成结果的偏差，其模型为：

$$Y_{it} = \beta_0 + \beta_1 X_{it1} + \beta_2 X_{it2} + \cdots + \beta_k X_{itk} + (\alpha_i + \mu_i) + \varepsilon_{it} \qquad (5-2)$$

其中，α_i 为没有观察到的效果，以随机的方式出现；μ_i 代表截距项的误差；ε_{it} 为误差项。β_0 为常数项，$\beta_1 - \beta_k$ 表示各自变量的回归系数，X_{itk} 表示第 i 个个体在第 t 期的第 k 个自变量，而 i 代表截面观察个体的数量共有 N 个，而 t 代表时间序列的长度，共有 T 期。

固定效应和随机效应模型的差异，主要在于固定效应以固定截距来表示截面个体之间不同特性，而随机效应模型则以随机形态的截距项来表示截面个体不同结构，故随机误差项为（$\alpha_i + \mu_i$）。此时因为普通最小二乘法没有利用方差矩阵中含有的这些信息，因而其不再是最有效的估计量。因此，在随机效应模型中，一般采用最小平方法（generalized least squares，GLS）进行估计。

而且，在随机效应模型中，需要对模型做较多假设，要先假设 μ_i 与自变量 X_{it} 无关，如此得到的估计式才会满足不偏性。而此模型最大的优点便是降低遗失自由度的问题，因此，将可以充分利用数据，当样本量和时间效应趋近无穷大的时候，所有估计式会符合渐进不偏估计。

四、豪斯曼检验

使用面板数据分析时，会遇到要选取哪种模型为最适模型的问题，因此，首先需要判断该使用固定效应模型还是随机效应模型进行回归估计。本研究利用豪斯曼（Hausman，1978）提出的豪斯曼检验来判断采取固定效应模型，还是采用随机效应模型进行估计。豪斯曼检验是基于这样的原理：如果个体效应是随机效应，那么最小二乘法估计量是无偏的，而最小平方法是有偏的；对于随机效应，则相反。鉴于此，我们发现，如果是随机效应模型，最小二乘法估计量和最小平方方法估计量的结果比较接近；反之，则有很大差异。

豪斯曼检验的待假设检验：

原假设（H_0）：随机效应。

备选假设（H_1）：固定效应。

其检验统计量为：

$$W = (b - B)' \times [\,\mathrm{var}(b) - \mathrm{var}(B)\,]^{-1} \times (b - B)$$
$$W \sim \chi^2(K) \tag{5-3}$$

其中，b 表示固定效应模型的最小二乘法估计量，B 表示随机效应模型的最小平方方法估计量。K 为变量的个数。

豪斯曼检验目的是检验固定效应模型中的 b 与随机效应中的 B 是否是一致估计量。如果两者之间的差异很小，b 和 B 都是一致估计量，即 W 在统计上是不显著的，那么表示接受原假设，那么就应该采用随机效应估计；如果两者间的差异很大，b 是一致估计量，而 B 是非一致估计量，即 W 在统计上是显著的，原假设被拒绝，接受备选假设，则需要选择固定效应进行估计[233]。

第三节　数据处理方法

除应用固定效应模型和随机效应模型进行回归分析外，本研究还将采用其他统计方法对数据进行分析，主要包括描述性分析、探索性因子分析、调节效应分析、分组回归分析、稳健性回归分析等。其中描述性分析、调节效应分析、分组回归分析、稳健性回归分析等采用 Stata13.0 完成，探索性因子分析采用 SPSS19.0 完成。本部分的研究简要介绍这些数据处理和分析的方法。

一、描述性分析

本研究中通过应用描述性分析的统计方法来描述研究中涉及的控制变量和研究所使用的核心变量基本情况，主要通过计算相关数据平均值、最大值、最小值、标准差等对各变量进行对比描述。首先对研究中涉及的核心变量进行统计分析，计算其平均值、标准差，了解其分布情况；其次，本书使用核密度图、散点分布图等对核心变量的变化趋势和分布情况进行了描述，进一步了解其数据的分布状况。

二、探索性因子分析

因子分析（factor Analysis）是对多元统计分析的一种重要方法，主要目的是缩减研究变量。通过对诸多变量的相关性研究，可以用假想的少数几个变量来表示原来变量的主要信息[234]。因子分析最初是英国心理学家斯皮尔曼（Spearman）提出的。1904 年他在美国心理学刊物上发表了第一篇关于因子分析研究的文章，自此之后因子分析研究逐步得到重视、完善和发展。20 世纪 50 年代以来，因子分析在管理学、经济学、社会学等不同的学科领域里得到了广泛的应用和发展。

因子分析的主要作用包括：（1）寻求研究变量的基本结构（summarization）。在多元统计分析中，我们经常会遇到诸多变量之间存在强相关的问题，这会对研究者的进一步分析带来许多麻烦，例如：回归分析中的多重共线性的问题。通过因子分析，我们可以找出较少的几个有实际意义的因子，通过较少的新变量反映出原来数据的基本机构。（2）对数据化简（data reduction）。通过因子分析，我们可以用所探索得到的少数几个因子来替代原来研究中界定的变量，并进一步开展回归分析、判别分析等研究。因子分析的数学模型是：

$$\begin{cases} x_1 = a_{11}f_1 + a_{12}f_2 + \cdots + a_{1m}f_m + e_1 \\ \qquad\qquad\vdots \\ x_k = a_{k1}f_1 + a_{k2}f_2 + \cdots + a_{km}f_m + e \end{cases} \qquad (5-4)$$

其中，x_i 代表研究指标，f_i 代表公共因子，彼此两两正交。e_i 代表特殊因子，只对相应的 x_i 发生作用。矩阵 a_{ij} 代表负载矩阵。因子分析研究的核心是找出一组指标（变量）的公共因子来取代原有各个指标。

因子分析包括探索性因子分析（exploratory factor analysis，EFA）和验证性因子分析（confirmatory factor analysis，CFA），两种因子分析都是以普通因子分析模型作为理论基础，但二者具有不同的应用条件和理论假设[235]。探索性因子分析通过对数据特征的分析来识别构念的因子构成（包括因子个数、题项的因子载荷、因子间关系等），找出事物内在的本质结构，而验证性因子分析是基于特定理论对数据进行分析的统计技术，可以用来检验构念的维度或检验已知的构念是否与理论预期相一致[236]。

因为地方政府公共服务绩效的研究刚刚处于起步阶段，国内外研究学者对于地方政府公共服务绩效概念的内涵在认识上还不一致，对于公共服务绩效都有哪些绩效维度研究上也没有一致的说法，因此，难以运用验证性因子分析对其结构进行分析。所以本书将采用探索性的因子分析对本书的政府公共服务绩效进行分析，并凝练出中国地方政府公共服务绩效所包含的绩效维度。在做因子分析前，可用 KMO（kaiser – meyer – olkin）样本测度检验数据是否适合做 EFA。KMO 值越接近 1 表明数据越适合做因子分析，一般认为 KMO 值大于 0.5 就表示适合进行因子分析。

经典的主成分分析法是针对截面数据进行的综合与简化。然而，在本书中所使用的面板数据是同时包含截面数据和时间序列的，兼具空间维度和时间维度，类似于按照时间顺序排列的 N 张截面数据表，因此，也被称为时序立体数据表。全局主成分分析法就是针对时序立体数据表所进行的主成分分析，其主要是通过降维的处理手段，提出数据表中的重要信息。

时序立体数据表相对于以往的截面主成分分析数据表而言却要复杂得多，其不仅具有一般截面数据具有的指标维度和截面数据，还增加了时间维度，因此时序立体数据表其实是一张三维的数据表格，目标还没有现成的软件可供使用。然而，如果是对每张截面数据表分别进行主成分分析，则无法保证系统分析的可比性。所以，对于立体数据表进行主成分分析，"降维"是其主要的技术手段，即把立体面板数据表进行平面化，同时不损失重要信息并得到统一的主成分公共因子，从而对样本进行评价分析。

全局主成分分析在面板数据的处理上的主要做法是：例如，统计上有 n 个样本，并选取相同的 P 个指标 x_1、x_2、$\cdots$、x_p，在第 t 个年度里就有一张截面数据表 $X_t = (X_{ij})n \times p$，其中 n 为样本数量，p 为变量数量。则 Y 年就共有 Y 张洁面数据表，然后按照时间顺序从上到下拍成一个 $Y_n \times p$ 的矩阵，定义为全局数据表，记为：

$$X = (X_1, X_2, X_3, \cdots, X^Y)_{Yn \times p}^T = (X_{ij})_{n \times p} \qquad (5-5)$$

直观地看，全局数据表就是将面板数据按照时间纵向展开，这样"降维"处理以后的数据就可以应用于经典的主成分分析了。本书计划运用 SPSS 13.0 软件采用全局主成分分析的方法，对地方政府公共服务绩效的测量指标体系进行探索性因子分析，并报告了探索性因子分析方差矩阵显著性水平、Bartlett 球型测验结果、KMO 测度值等统计指标的数值。

三、分组回归分析

组成研究总体的各样本单位具有多种特征，这就使得在同一总体范围内的各单位之间产生许多差别，统计分析不仅要对总体数量特征和数量关系进行分析，还要深入总体的内部进行分组分析。分组分析法就是根据统计分析的目的要求，把所研究的总体按照一个或者几个标志划分为若干个部分加以整理，进行观察、分析，以揭示现象发展的特征和规律性。因此，分组分析即是通过一定的方法将研究总体划分为若干部分，然后通过各组成部分的变动来对其解释的方法[237]。

统计分组要事先对研究对象的特征和发展规律进行理论分析，才能做出具体的分组分析。正确选择分组标志，是进行科学分组的关键。在本书中，想要分析在中国不同的地理区域，土地财政的影响因素以及土地财政对经济发展和公共服务绩效之间的影响关系是否具有显著的差异，因此本书选择地理位置作为分组标志，将研究总体样本分为了东部地区子样本、中部地区子样本，以及西部地区子样本，并分别分析了在东部地区子样本、中部地区子样本，以及西部地区子样本模型中，财政分权、转移支付、土地监管、预算管理和财政透明等因素对土地财政不同的影响关系，以及土地财政对经济发展、公共服务绩效之间不同的影响关系。本书计划采用邹（Chow）检验对分组回归模型进行比较，考察在不同组别模型中核心变量间回归系数在统计意义上是否相等。

四、调节效应分析

本书中，除了分析财政分权、转移支付、土地监管、预算管理和财政透明等变量对土地财政的直接影响关系外，还将验证转移支付对于财政分权与土地财政关系的调节作用，以及预算管理对于土地监管与土地财政关系的调节作用。因此，在后续的章节中，将分别以转移支付、预算管理等作为调节变量，检测它对理论模型中的主影响关系是否存在显著的调节效应。为此本小节将介绍后续章节分析调节效应所用的主要分析方法。

为了方便，假定自变量为 X，因变量为 Y，X 与 Y 之间存在线性因果关系，而这种因果关系随着变量 M 的不同而不同，或者说 M 的取值会影响 X 与 Y 之间的关系的方向和大小，因此，称 M 为调节变量（Moderator）[238]。对于调节效应也就是相互作用模型的检验，一般采取两个步骤：第一步，首先验证自变量（X）和因变量（Y）直接显著的相关关系是否存在；如果存在某种直接显著的相关关系，则进行第二步验证，即自变量（X）和调节变量（M）相乘以后构成一个新的变量（XM）和因变量（Y）之间直接显著的相关关系是否存在，如果这种关系存在，则说明调节效应（交互作用模型）成立。需要注意的是，在计算交互作用前，需要对交互变量进行标准化处理。

$$Y = aX + bM + cXM + e \qquad (5-6)$$

对乘积项 XM 的回归系数 c 是否为零进行 t 检验，若显著不为零，表明 M 的调节效应显著。本书中的调节效应检验通过 Stata 13.0 软件完成。

五、稳健性分析

（一）稳健性分析意义

统计分析的本质是挖掘有用的信息，并根据信息间的关系找寻某些领域的特征或影响机理，从而指导实践，然而，传统的描述数据或数据分布特征的统计量在许多情况都不具备很强的代表性，甚至因为统计方法的选择差异有可能分析结果与实际情况不符，这时候就需要进一步验证回归分析模型的稳健性[239]。当模型具有较好的稳健性时，即便模型有少许的偏离，其分析结果也应该能够较好地反映现实。甚至于当模型有较大偏离时，其影响结果也不会产生较大的偏差。

统计量的稳健性分析一般分为三种方式，第一种是找寻核心变量不同的测量指标；第二种是选取局部数据；第三种则是不同的数据分析模型[239]。本研究将采用选取不同的测量指标，和选取不同的数据分析模型两种方法，来进行回归研究的稳健性分析。下面将分别介绍本书计划采用的两种不同的稳健性分析方法。

（二）稳健性分析方法

1. 指标测量的不同口径。为了保证研究结论的可靠性，本书在每一章实证研究的最后都会对模型进行稳健性的检验。首先，地方政府土地财政测量统计口径上的差异，可能会影响本书结论的可靠性。因此，本书将对地方政府财政的测量方式进行调整，以验证回归模型的稳健性。因为数据获取的时间节点和方式不同，未来做稳健性检验指标的具体调整详见后续各章内容介绍。

2. 系统广义矩估计。由于地方政府的土地财政会带来地方政府财政收入的增加，因此，土地财政也有可能会影响地方政府的财政分权和官员晋升，从而造成三者之间出现内生性问题。因此，本研究对于模型稳健性的第二个检验方法，就是基于模型内生性的检验。在现有研究中，为了克服模型中的内生性问题，最常采用的就是系统广义矩估计（System GMM）的方法。系统广义距估计综合了一阶差分方程和水平方程，通过增加新的有效的工具变量来减少模型的偏误。因此，在系统广义距估计模型中，如何寻找有效的工具变量是本书研究的重点。参照现有的实证研究，在本书中，选择土地财政行为的滞后一期作为工具变量，并选用系统广义矩估计的方法对模型的实证结果进行稳健性检验。

第四节 本 章 小 结

本章对后续土地财政前因后果实证分析中，所采用到的数据获取方式和数据处理方法进行了介绍，详细说明了本书所需的相关数据获取过程和采用的假设验证方法。首先，本书对研究对象和研究样本，以及实证研究所需的相关数据获取来源和获取过程进行了介绍。本书选择中国地市级政府作为研究对象，且采用整群抽样的方法选取研究样本。

其次，本书实证数据选取的是地市级政府二手面板数据，所以本书在分析面板数据特点的基础上，介绍了面板数据处理的两种方法，阐述了固定效应回归模型和随机效应回归模型的统计意义和估计方法。并介绍了本书如何通过豪斯曼检验来判断采取固定效应模型，还是采用随机效应模型进行估计。

除采用固定效应和随机效应模型外，本书还采用其他统计方法对数据进行分析，主要包括描述性分析、探索性因子分析、调节效应分析、分组回归分析、稳健性回归分析等。本书最后对这些数据处理模型和分析方法进行了介绍。

第六章　财政分权背景下转移支付与
　　　　土地财政的实证研究

第一节　研究目标

从本书第四章的分析可以知道，随着地方政府所承担的社会事务日益增多，但是其在预算内可支配的财政收入有限，财力与事权的不对等使得部分地方政府面临财政压力。土地出让制度的确立使得地方政府可以通过出让土地获取财政收入，一定程度上缓解了地方政府的财政困境。因此，现有研究多从财政分权视角切入，分析财政分权对土地财政的影响关系[193-202]。已有研究成果为全面了解财政分权对土地财政的影响机理提供了很好的思路，但现有研究较少区分财政收入分权和支出分权。财政收入分权和支出分权对地方政府土地财政的影响可能存在差异，将二者加以区分并分别讨论二者各自对土地财政的影响关系，有利于进一步揭示财政分权对土地财政的影响机理。

同时，为了缓解地方政府因为财力和事权不匹配所面临的财政困境，中央政府不断加大对地方政府转移支付的力度，这在一定程度上能够缓解地方政府的财政收入的不足。财政部公布的数据显示，中央可用于转移支付的财力增强，地方总财力中依赖于转移支付的比重也随之逐年提高，2007~2017年间中央对地方的转移支付总额增长率达到了年均23.6%[240]。规模日益庞大的转移支付缩小了地方政府的财政缺口，缓解了地方政府的财政困境[241]。完善和加大中央向地方政府转移支付力度，在现行分权模式下能有效确保地方政府财力和事权的大致对等，在一定程度上能缓解地方政府对土地财政的路径依赖。然而，现有研究较少探讨转移支付对土地财政的影响，转移支付的引入将进一步丰富和完善相关理论。

习近平总书记在十九大报告中提出要建立央地新型财政关系，要"加快建立现代财政制度，建立权责清晰、财力协调、区域均衡的中央和地方财政关系"。"权责清晰"强调政府间支出责任划分，"财力协调"关注政府间财力格局，"区域均衡"着力服务均等化水平。因此，建立央地新型财政关系的关键在于优化政府间事权和财权划分，形成稳定的各级政府事权、支出责任和财力相适应的制度。通过对党中央财税体制改革顶层设计的解读，可以发现，优化收入划分模式、完善政府责权划分、完善转移支付制度成为改革的重要举措之一。新一轮财政管理改革为治理土地财政问题指明了方向，未来需要围绕收入划分、责权划分、转移支付三个方面深入探讨制度创新的空间，从而改善地方政府"土地财政"依赖问题。

基于此，首先，本章从财政分权理论视角切入，在区分地方政府财政收入分权和财政支出分权的基础上，引入地方政府转移支付，从财政分权和转移支付两个方面论述其对于地方政府土地财政的影响，并提出相应研究假设；其次，介绍研究样本和数据来源，并对核心变量测量和分析方法进行总结；再次，采用实证研究方法，根据收集的 2003～2009 年中国地市级政府的面板数据，验证了财政支出分权、财政收入分权、一般性转移支付、专项转移支付对于地方政府土地财政的影响，并对研究假设进行了稳健性分析；最后，报告实证分析结果并对其进行讨论，对本书研究的理论价值和实践启示进行探讨。

第二节　研究假设

一、财政分权对土地财政的影响

从第四章分析可以发现，地方政府所承担的社会事务日益增多，但其预算内可支配的财政收入有限，地方政府面临财力与事权不匹配的状况，在此背景下部分地方政府陷入财政困难的局面。面对财政匮乏的局面，地方政府的调适行为不外乎"开源""节流"两种对策[205,206]。"开源"即是从收入层面入手，试图通过扩大税收、收费等一切手段增加收入；"节流"即是从支出层面入手，通过重新界定支出方向，限制支出规模等手段来达成。然而，并没有一个组织倾向于删减支出，虽然增加收入的难度和风险很高，但是组织还是会找寻一切办法来增加收入以抗拒删减支出[242,243]。

当地方政府面对财政困境时，其首当其冲地是想尽一切办法增加财政收入。近年来，中央政府始终不断硬化地方政府的财政约束，因此，地方政府想要通过游说上级部门，或者通过收费来获得额外财政资源变得愈加困难[34]。此时，地方政府发现在新的税收体制中，其可控收入来源主要有两个：一是土地变现时的增值收益；二是通过招商引资和城市扩张来增加包括所得税、建筑业和房地产业营业税等由地方享有的税收的规模[244]。此时，地方政府出让土地的收入一般可以分为两部分[245]：一部分是地方政府直接的土地出让金，另一部分是与土地有关的税收收入，如土地增值税和耕地占用税等。因此，土地财政可以从上述两个方面给地方政府提供资金支持。由此可以得出，地方政府财政收入和支出责任的不对等，致使部分地方政府面临财政压力，从而使得部分地方政府通过出让土地来化解财政困境。

地方政府的财政压力来源于收入的减少或支出的增加，当其收入少于支出就会因为收支不平衡产生压力[246]。反之，如果在支出责任稳定不变的情况下，增加地方政府的财政收入，能在一定程度上有效缓解其财政压力。通过调整地方政府间财政收入划分关系，改变省以下地方政府间财政收入初次分配结果，优化政府间财政收入分成比例，能够改善地方政府收入和支出责任不平衡的状况[247]。地方政府财政收入比重的提高能够缓解地方政府财政压力，遏制其对预算外财政资源的依赖。王志刚和龚六堂基于省级面板数据的实证研究发现，省级预算内收入分成提高一个百分点，非税收入比例将会显著地降低0.4个百分点[215]。土地财政作为地方政府非税收入的重要来源之一，随着地方政府预算内收入分成的提高，其规模也会随之减少。

2002年国务院批转财政部《关于完善省以下财政管理体制有关问题意见的通知》中强调"各地要根据各级政府的财政支出责任以及收入分布结构，合理确定各级政府财政收入占全省财政收入的比重。省以下地区间人均财力差距较大的地区，要适当提高省、市级财政收入比重"。① 2014年习近平总书记主持的中共中央政治局会议审议通过《深化财税体制改革总体方案》也指出"进一步理顺中央和地方收入划分"。② 十九大报告中提出的"财力协调"更是要形成政府间合理的财力格局，为各级政府履行

---

① 国务院，《国务院批转财政部关于完善省以下财政管理体制有关问题意见的通知》，国发〔2002〕26号，2002年12月26日。

② 财政部，《深化财税体制改革总体方案》，http://www.gov.cn/xinwen/2014-07/03/content_2711811.htm。

财政事权和支出责任提供有力保障。

近年来的财政管理改革实践表明，中央政府在不断优化政府间的财政收入分成比例，期望通过构建政府间合理的财力格局，来推动地方政府财力和支出责任之间的匹配，从而规范地方政府的财政行为。上述分析进一步提示，加大地方政府收入分成比例，将有利于缓解地方政府的财政压力，从而降低地方政府对于土地财政的依赖。基于上述分析，提出本书第一个假设：

H1：财政收入分权与地方政府的土地财政负相关，即地方政府财政收入分成越多，地方政府土地财政的规模越小。

我国政府管理模式正从管理型向服务型转变，治理模式正从发展型向包容型过渡，宏观调控职能的加强和政府治理模式的转变推动了我国各级政府支出规模的扩张[248,249]。《中共中央关于全面深化改革若干重大问题的决定》中提出把国防、外交、国家安全、关系全国统一市场规则和管理等作为中央事权，把区域性公共服务作为地方事权。① 在这个文件中，除了国防、外交以及援外支出责任完全由中央承担、城市维护和建设经费完全由地方承担外，其余各项支出依然是按照行政级别归属予以划分的[250]。在中央和地方的共同事权中，许多事权责任主体不明确，事权交叉重叠在地方政府间较为常见。同时，因为政府间存在着职责同构的现象，中央政府的支出责任不断下移，一定程度上放大了地方政府的财政支出规模[251,252]。

支出责任并不会令地方政府头痛，但是当上级政府在下放支出任务的时候，地方政府没有相应的财力履行的话，就会给地方政府造成沉重的财政压力。在地方政府财政收入既定的情况下，其财政支出的扩张必然加大地方政府财力与支出的缺口扩大，增加其对预算外收入的依赖程度，从而引发土地财政问题。白宇飞和杨武建基于省级面板数据的实证研究发现，地方财政支出分权程度越高，地方政府非税收入规模越大。省级预算内支出分权提高一个百分点，非税收入比例将会显著地增加0.25 个百分点[221]。吴群和李永乐的实证研究更发现，财政支出分权一定程度上激励了地方政府扩大预算外收入，尤其是从土地出让金中获得财政收入[74]。

2016 年国务院出台《国务院关于推进中央与地方财政事权和支出责

---

① 《中共中央关于全面深化改革若干重大问题的决定》，2013 年 11 月 12 日，http：//www. scio. gov. cn/zxbd/nd/2013/document/1374228/1374228. htm。

任划分改革的指导意见》提出："积极推进中央与地方财政事权和支出责任划分改革，科学合理划分中央与地方财政事权和支出责任，形成科学合理、职责明确的财政事权和支出责任划分体系。"① 此次指导意见不仅指出中央与地方财政事权和支出责任划分改革的战略方向，还给出了具体的中央财政事权、地方财政事权与中央和地方共同财政事权的责任清单。十九大报告中提出的"权责清晰"更是再次强调要科学规范中央和地方的财政事权和支出责任划分。

上述财政管理改革实践表明，中央政府在不断优化政府间的事权和支出责任划分，期望通过科学划分政府间支出责任，规范地方政府的财政行为。上述分析进一步提示，在地方政府财政收入既定的情况下，加大地方政府财政支出的责任，可能会加大地方政府收入和支出之间的差距，加大地方政府的财政压力，从而提升其对于土地财政的依赖。基于上述分析，提出本书第二个假设：

H2：财政支出分权与地方政府的土地财政正相关，即地方政府财政支出责任越大，地方政府土地财政的规模越大。

二、转移支付对土地财政的影响

财政转移支付制度是各国缩小区域经济发展差距实践中使用最普遍的一种政策工具，在财政分权的基础上，世界上几乎所有国家都建立了中央对地方转移支付制度[253]。财政转移支付制度发挥了中央财政的再分配功能，中央财政将与一定事权相对应的财政资金移转给地方各级政府，一定程度上弥补了地方财政缺口，实现地区基本公共服务能力均等化，有利于各区域均衡发展[254]。

中央政府不断加大对地方政府转移支付的力度，这在一定程度上能够缓解地方政府的财政收入的不足。同时，中央政府通过安排转移支付将部分事权支出责任委托给地方政府的同时，也配套了相应的财力支持，转移支付制度的实施在一定程度上能够有效缩减地方政府财政收入和财政支出之间的差距。龚锋和李智[224]、方红生和张军[225]研究发现，以标准财政收支缺口为资金分配依据的均衡性转移支付，有效发挥了"援助之手"的作用。转移支付弥补了地方政府特别是财政困难地区政府的财政缺口，在保障财政困难地区政府的正常运转以及地方公共服务供给方面发挥了不可

---

① 《国务院关于推进中央与地方财政事权和支出责任划分改革的指导意见》，国发〔2016〕49 号，2016 年 8 月 16 日。

或缺的作用。

　　财政转移支付制度在一定程度上缩减了地方政府财政收入和财政支出之间的差距，缓解了地方政府财力与事权的不对等状况，从而有效缓解了地方政府依赖土地财政等预算外收入。白宇飞等学者基于 1997 ~ 2006 年省级面板数据的实证研究发现，每个省（市、自治区）的人均转移支付增加 1 元，人均政府非税收入就会降低 0.11 元[226]。这说明人均转移支付的增加，缓解了地方的财政困难，降低了地方政府对于非税收入的依赖，从而有效抑制了非税收入的增加。

　　正是看到了财政转移支付制度在一定程度上可以缓解财力和事权不匹配对地方政府带来的财政困境和压力，中央政府开始加大对地方政府转移支付的力度，期望通过财政转移支付来满足地方对财力的需求。2014 年国务院出台《国务院关于改革和完善中央对地方转移支付制度的意见》，提出："使转移支付制度与事权和支出责任划分相衔接，增强改革的整体性和系统性。合理划分中央和地方事权与支出责任，逐步推进转移支付制度改革，形成以均衡地区间基本财力、由地方政府统筹安排使用的一般性转移支付为主体，一般性转移支付和专项转移支付相结合的转移支付制度。"① 十九大报告中提出的"区域均衡"理念，着力提升区域间基本公共服务均等化水平。财政转移支付制度缩小区域间财力差异的同时，推动了公共服务均衡化战略目标的逐步实现。

　　由上述分析可以知道，政府间转移支付一定程度上解除了地方政府的财政压力，进而降低了地方政府对于预算外资源的需求，从而缓解了地方政府出让土地换取财政资源的内在冲动。需要说明的是，转移支付通常分为一般性转移支付和专项转移支付两类，因此，本书将分别研究这两类转移支付对土地财政的影响。基于上述分析，提出本书的假设 3 和假设 4：

　　H3：地方政府间一般性转移支付与土地财政负相关，即地方政府间一般性转移支付力度越大，地方政府土地财政的规模越小。

　　H4：地方政府间专项转移支付与土地财政负相关，即地方政府间专项转移支付力度越大，地方政府土地财政的规模越小。

　　图 6 - 1 所示为财政分权、转移支付与土地财政关系研究框架。

---

① 《国务院关于改革和完善中央对地方转移支付制度的意见》，国发〔2014〕71 号，2014 年 12 月 27 日。

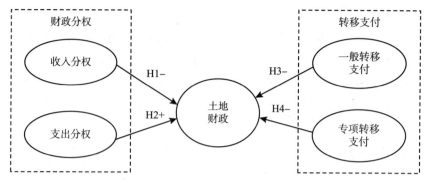

图 6 - 1　财政分权、转移支付与土地财政关系研究框架

第三节　研究设计

一、研究样本与数据来源

2002 年国土资源部颁布《招标拍卖挂牌出让国有土地使用权规定》，明确土地使用权出让主体只能是市、县政府。基于数据的可获得性，本书的研究定位于面向地市级政府进行研究。由于土地财政数据的缺失，我们没有考虑江西省和西藏自治区下属所有地市的情况。因此，本书研究的最终样本由中国 271 个地市级政府构成。

统计口径上，因 2003 年后规定了土地出让金新核算方式，因此，本书将时间起点定位在 2003 年。又由于财政分权相关数据仅能获取到 2009 年，所以本书的时间终点定位在 2009 年。最终，本书样本涵盖了 2003 ~ 2009 年共七年的数据，最终的观测点为 1897 个。

本书数据均来自公开发行的统计年鉴，可以确保数据来源可靠性和研究结论可重复性。本书数据主要来源于 2004 ~ 2010 年《中国统计年鉴》《中国国土资源年鉴》和《中国城市统计年鉴》，以及 2003 ~ 2009 年《全国地市县财政统计资料》。

二、变量测量

（一）土地财政

土地出让收入直接反映了地方政府的土地财政行为。地方政府出让土地的收入一般可以分为两部分[255]：一部分是地方政府直接的土地出让金，另一部分是与土地有关的税收收入，如土地增值税和耕地占用税等。目前中国的土地税收混乱分散，难以在统计上准确地反映出来[94]。而土地出让金部分则比较整齐并且数量巨大，最能体现地方政府的土地出让行为[193,256]。现有研究也多采用土地出让金的多少来反映地方政府的土地财政行为[193-201,257]。因此，我们的测量方式与其他学者对于地方政府土地财政的研究方法一致，也是采用土地出让金来进行测量。

（二）财政分权

采用合适的财政分权测量指标是非常困难的，这是因为在不同的国家财政系统的特性不一致[258]。目前学界对于财政分权的效果结论不一致的原因之一也在于现有研究对于财政分权的测量没有单一或者最好的标准[259]。杨瑞安基于61个研究案例的元分析发现，研究对象和财政分权不同的测量指标会显著影响财政分权和政府规模之间的关系[260]。因此，研究财政分权问题的难点之一在于选取合适的指标进行衡量。

最初，学者是从非财政的视角对地方政府的财政分权进行了测量。如布莱伯利（Bradbury）等学者的研究中使用一个都市圈（metropolitan area）里的城市数量测量财政分权[261]。奥茨（Oates）[262]、扎克斯（Zax）[263]、福布斯和赞佩利（Forbes & Zampelli）[264]等学者采用一个国家里面地方政府的绝对数量来测量财政分权。巴尔（Bahl）采用了地方政府雇佣的人数占所有政府雇佣的人数之比来测量财政分权[265]。艾利坎（Arikan）采用了每千名公民所在的司法管辖区域中地方政府的层级（国家、省、地区、部门或其他）数量来测量财政分权[266]。

随后，越来越多的学者采用地方政府财政支出占整个政府的比重来进行测量[267-269]，这也是财政分权研究中使用最广泛的衡量方式，即地方财政支出的比重越高，地方政府财政分权程度越高。然而，用支出比重来测量财政分权只能反映对于财政分权单一维度的认知。而财政分权是多维度的概念，因此，用支出比重来测量是远远不够的。随着研究的进一步深化，财政分权的测量指标也由仅考虑支出比重演变为支出比重与收入比重并重，萨克森（Thießen）[270]和金应华[271]等学者采用地方政府财政支出和收入各自占整个政府的比重来测量财政分权。

对于运用地方政府财政支出和收入的比重来测量财政分权，不同的研究也有不同的做法。大多数的研究采用的是地方政府财政支出和收入总量占所有地方政府支出和收入的总量的比重来进行测量。然而，已有研究发现，人口规模其实对于地方政府的支出和收入具有显著的影响，人口的增长会对地方政府的支出带来规模效应，而且人口规模增长也能带来税源增加，从而可能增加地方政府的财政收入。因此，很多学者开始运用地方政府的人均支出和收入比重来测量财政分权，张涛和邹恒甫[272]、金贺辉[273]和陶然[73]等学者采用地方政府的人均支出和收入占整个政府人均支出和收入的比重来测量财政分权。

然而，用收入和支出等会计方法测量财政分权虽然是通用的做法，但是其对于权力在政府间的真实分配的度量有一定的局限性，因为较低政府的支出可能是较高层级政府的补助所负担的，剔除了来自上级政府的转移支付后的支出和收入财政准确地刻画地方政府真实的权力配置。因此，卡里翁（Carrion）[274]和卡塔雷罗（Cantarero）[275]对于上述的测量方法进行了修正，将地方政府的收入和支出比重界定为扣除了转移支付后的支出和收入占总政府支出和收入的比重。

除此之外，萨克森[207]、雅佳和坂田[276]还采用了地方政府财政自我依赖率（self–reliance rate）指标，来进一步补充和完善财政分权的测量，即地方政府的自有财政收入占总收入的比重。林毅夫和刘志强认为，地方财政支出比重的高低可能只表示地方政府的规模较大，而不是拥有较大的自主权，因此，其提出了地方政府预算收入边际保留率指标，即使用地方政府从财政收入增加额中所提取的比例来衡量财政分权的程度[277]。金贺辉的研究中也采用了同样的方式来完善财政分权的指标[273]。

现有研究认为，地方政府支出和收入所占的比例是测量财政集权或分权水平最好的指标[278]。虽然这种测量不完美，但是因为数据的局限性，较难获取有效的数据去测量财政分权的时候，用支出和收入的数据来测量财政分权是较好的选择[279]。因此，根据已有研究，在考虑数据可获得性的基础上，本研究借鉴卡里翁和卡塔雷罗的测量方式，从地方政府支出和收入分权两个方面来测量财政分权。鉴于转移支付对地方政府支出和收入的干扰，本书中地方政府的支出和收入仅限于本级政府的支出和财政收入，其是不包含上级政府的转移支付数额的。同时，考虑到人口规模的影响，本书将选取人均支出和人均收入数据。本书财政分权测量指标计算公式如下所示。

$$FDrev = \frac{\text{市本级人均财政收入}}{\substack{\text{中央人均财政收入} + \text{省本级人均财政收入} + \\ \text{市本级人均财政收入} + \text{县本级人均财政收入}}}$$

$$FDexp = \frac{\text{市本级人均财政支出}}{\substack{\text{中央人均财政支出} + \text{省本级人均财政支出} + \\ \text{市本级人均财政支出} + \text{县本级人均财政支出}}} \qquad (6-1)$$

（三）转移支付

为了有效反映地区转移支付对于地方政府财政困难的缓解程度，本书采用转移支付占地区预算收入的比重来测量地区转移支付力度。同时，本书参考以往的研究，选取的是地方政府每年得到的"净"转移支付数额，即采用地区每年获得的上级转移支付总额减去该年上解部分。需要说明的是，转移支付通常分为一般性转移支付和专项转移支付两类，因此，本书将分别测量这两类转移支付。前者是由（一般性转移支付收入－一般性转移支付上解）/预算收入来进行测量的；后者是由（当年专项转移支付收入－专项转移支付上解）/预算收入来进行测量的。

（四）控制变量

1. 财政供养负担。地方政府需要承担很多财政供养人口的工资和社会福利，在地方财政收入有限的情况下，财政供养人口会给地方政府带来沉重的财政负担[280]。地方政府财政供养人口的规模越大，地方政府行政支出的压力越大，其需要的财政资源越多，其可能更需要依赖预算外的土地资源筹集资金。参考以往研究，本书采用地方政府每万元财政收入所负担的财政供养人员的数量作为财政供养负担的衡量指标。需要说明的是，本书的财政供养人口概念所采用的是广义范畴，因此，财政供养人口数量不仅包括政府公务员，还包括党政机关、教育机构、社会团体及财政拨款事业单位等员工。不仅包括在职人员，也包括离退休人员。

2. 城镇化水平。中国城市化发展进程激发了地方政府出让土地热情，随着工业的快速发展和城镇人口的激增，越来越多的耕地被地方政府出让作为非农业化的用途。参考以往研究，本书采用城镇化率和产业结构来反映城市化进展。本书采用非农业人口与总人口比重作为城镇化的衡量指标，城镇化率越高表明城市化水平越高；采用第二产业和第三产业占 GDP 的比例衡量产业结构，产业结构比例越高代表城市化水平越高。

3. 土地面积。地区土地面积越多，表明地方政府在土地出让时可使用土地越多，地方政府的土地财政可能越容易实现。卢洪友等的研究发现，地区土地面积与地方政府的土地财政之间具有显著的正相关关系[136]。因此，各市土地面积是本书的控制变量之一，本书采用地区实际土地面积来测量。

4. 区位因素。各地市土地出让金收入规模会明显受到区位因素影响，北京、上海、杭州等发达地区的土地出让金收入可能大幅超过其他区位。因此，为进一步控制不同地区土地出让收入规模的差异，本书设置了地域虚拟变量以控制不同地域区位因素的影响。1986 年，全国人大六届四次会议通过的"七五"计划将我国划分为东部、中部、西部三个地区①。因此本书也将样本中的地市分为东部、中部和西部三个地区。

我们以中部地区为参照组，分别设置了东部（East）和西部（West）两个地区虚拟变量。具体设置是：以虚拟变量东部 East 为例，分析样本中东部地区的样本取值为 1，西部地区的取值为 0，具体形式为（1，0）。相应的，虚拟变量西部（West）的取值为（0，1）。需要说明的是，所有地区虚拟变量取值都为 0 的情况，即编码为（0，0）的情况表示样本所处的地区为中部地区，如表 6 - 1 所示。

表 6 - 1　　　　　　　　　　　　　变量一览表

变量类型	变量名称	变量代码	变量定义	数据来源
因变量	土地财政*	Lfinance	地方政府的土地出让金	国土资源统计年鉴
自变量	收入分权	FDrev	市本级人均财政收入/所有政府本级人均财政收入	全国地市县财政统计资料
	支出分权	FDexp	市本级人均财政支出/所有政府本级人均财政支出	全国地市县财政统计资料
	一般转移支付	Transfer1	（一般转移支付收入 - 一般上解）/预算收入	全国地市县财政统计资料
	专项转移支付	Transfer2	（专项转移支付收入 - 专项上解）/预算收入	全国地市县财政统计资料
控制变量	财政供养负担	Dependent	财政供养人口/总人口	全国地市县财政统计资料
	城镇化率	Urban	非农业人口/总人口	中国城市统计年鉴
	产业结构	Structure	（第二产业 + 第三产业）/GDP	中国城市统计年鉴
	土地面积*	Area	地区实际面积	中国城市统计年鉴

---

① 东部地区包括北京、天津、河北、辽宁、上海、江苏、浙江、福建、山东、广东和海南等 11 个省（市）；中部地区包括山西、吉林、黑龙江、安徽、江西、河南、湖北、湖南等 8 个省（区）；西部地区包括四川、重庆、贵州、云南、西藏、陕西、甘肃、青海、宁夏、新疆、广西、内蒙古等 12 个省（区、市）。

变量类型	变量名称	变量代码	变量定义	数据来源
控制变量	区位因素	East \ West	以中部为参照组设置东西两个地域虚拟变量	作者设置
	政策因素	Y2004 – 2009	以 2003 年为参照组设置 2004 年、2005 年、2006 年、2007 年、2008 年、2009 年六个时间虚拟变量	作者设置

注：＊表示该变量取自然对数。

5. 政策因素。除地域区位影响外，各地市土地出让金收入规模还会明显受到政策因素的影响。2004 年 8.31 大限、2005 年的国八条、2006 年的国六条和 2008 年国十条等政策的陆续出台，显著影响了各地市房地产市场的景气程度，进而导致各地市土地出让金收入随之起伏。因此，为进一步控制因政策调整所带来的房地产市场景气程度的差异，本书设置了时间虚拟变量以控制不同年份政策因素的影响。

本书以 2003 年为参照组，分别设置了 Year2004、Year2005、Year2006、Year2007、Year2008、Year2009 六个时间虚拟变量。具体设置是：以虚拟变量 Year2004 为例，分析样本中 2004 年的样本取值为 1，其余年份的样本取值为 0。其他虚拟变量的取值依次类推。需要说明的是，其中所有年份虚拟变量取值都为 0 的情况表示样本的分析年份为 2003 年。

第四节 数 据 分 析

一、描述性分析

表 6 - 2 报告了变量的描述性统计分析结果，可以看出，各市级政府的土地出让金之间存在较大的差异，土地出让金最少的是 2005 年内蒙古自治区的乌海市，土地出让金最多的是 2007 年四川省的成都市，这也说明各市级政府之间的土地财政存在较大变异和解释空间。

从表 6 - 2 还可以看出，市级政府平均财政收入分权为 12.44%，且各市级政府财政收入分权之间存在显著差异。市级政府平均财政支出分权为 18.50%，略高于市级政府的财政收入分权，且市级政府的财政支出分权之间也存在显著的差异。

同时，一般性转移支付占预算收入的平均比重约为46.65%，专项转移支付占预算收入的平均比重约为58.40%，高于一般性转移支付将近12个百分点，这也与学界普遍认为中国现阶段专项转移支付力度较高，一般性转移支付力度较低的论断相符合。

表6-2 变量的描述性统计分析

变量	观测点	均值	标准差	最小值	最大值
Lfinance*	1897	11.323	1.545	4.660	16.074
FDrev	1897	12.441	12.402	0.215	93.006
FDexp	1897	18.498	13.010	1.890	97.111
Transfer1	1897	46.649	81.433	-69.285	668.900
Transfer2	1897	58.404	77.249	-41.811	819.589
Dependent	1897	3.189	0.957	0.264	8.095
Urban	1897	34.193	18.524	7.667	100
Structure	1897	83.421	9.749	55.070	100
Area*	1897	9.334	0.820	7.015	12.443

注：*表示取对数。

二、基准回归模型分析

本书采用面板数据的固定效应回归模型验证了财政收入分权、支出分权、一般性转移支付和专项转移支付对土地财政的影响关系。表6-3报告了基准回归模型分析结果。模型1是没有控制区位因素和政策因素，财政收入分权和支出分权对土地财政的影响。回归分析结果表明，市级政府的财政收入分权与土地财政之间的回归系数为-0.011，且两者之间的关系呈显著负相关（$P < 0.05$）；同时，财政支出分权与土地财政之间的回归系数为0.014，且两者之间的关系呈显著正相关（$P < 0.01$），均与预期假设相一致。

模型2控制区位因素和政策因素后，回归结果发生了明显改变，财政收入分权与土地财政之间的关系变得并不显著（$P > 0.10$）。这说明财政收入分权与土地财政之间的关系会受到区位因素和政策因素的影响。因此，假设1没有得到支持。这一结果进一步说明财政收入分权并不能显著影响土地财政，地市级政府财政收入分成的减少并不是引发土地财政问题的根源。

从模型 2 看出，财政支出分权与土地财政之间的关系依然呈显著正相关（P < 0.10）。这说明财政支出分权与土地财政之间的关系不会受到区位因素和政策因素影响，因此，假设 2 得到支持。这一结果说明财政支出分权才是引发土地财政问题的根本原因之一。这可能是因为地市级政府事权的不断增多，致使地方政府面临沉重压力，使其不得不依靠出让土地来获取额外的财政资源已应对日益增加的事权。

模型 3 是控制了区位因素和政策因素后，地市级政府一般性转移支付对土地财政的影响。回归分析结果表明，一般性转移支付与土地财政之间的回归系数为 -0.001，且两者之间的关系呈显著负相关（P < 0.01）。这一结果说明地市级政府的一般性转移支付对土地财政具有显著的负向影响。

同时，模型 4 是控制了区位因素和政策因素后，地市级政府专项转移支付对土地财政的影响。回归分析结果表明，专项转移支付与土地财政之间的回归系数为 -0.001，且两者之间的关系呈显著负相关（P < 0.01）。这一结果说明地市级政府的专项转移支付对土地财政具有显著的负向影响。这一结果说明加大政府间转移支付力度，在一定程度上能有效缓解地方政府财政困难，从而抑制地方政府土地财政问题的恶化。

模型 5 是控制了区位因素和政策因素后的全回归模型。财政收入分权与土地财政之间的负相关关系依然不显著（P > 0.10），财政支出分权与土地财政之间的正相关关系依然显著（P < 0.10），假设 1 依旧不成立，假设 2 依旧成立。地方政府转移支付对土地财政的影响关系发生了变化，专项转移支付与土地财政之间的负相关关系依然显著（P < 0.01），但一般性转移支付对土地财政的负向影响变得不再显著（P > 0.10）。因此，假设 3 没有得到支持，假设 4 得到支持。这说明专项转移支付对土地财政具有显著影响，而一般性转移支付对于土地财政的影响关系不大。

表 6 - 3 基准回归分析结果

变量	模型 1 （FE）	模型 2 （FE）	模型 3 （FE）	模型 4 （FE）	模型 5 （FE）
FDrev	-0.011** (-2.20)	0.003 (0.52)	0.003 (0.76)	0.002 (0.42)	0.002 (0.54)
FDexp	0.014*** (3.54)	0.008* (1.90)	0.007* (1.66)	0.008* (1.83)	0.008* (1.82)
Transfer1			-0.001*** (-3.36)		-0.001 (-1.30)

变量	模型 1 (FE)	模型 2 (FE)	模型 3 (FE)	模型 4 (FE)	模型 5 (FE)
Transfer2				−0.001 *** (−4.43)	−0.001 *** (−2.85)
Dependent	0.161 *** (4.76)	0.012 (0.41)	−0.000 (−0.01)	0.004 (0.13)	0.000 (0.01)
Urban	0.033 *** (5.55)	0.000 (0.02)	−0.002 (−0.33)	−0.000 (−0.11)	−0.001 (−0.24)
Structure	0.100 *** (17.12)	0.022 *** (3.40)	0.021 *** (3.40)	0.022 *** (3.50)	0.022 *** (3.47)
Area	2.073 *** (2.64)	2.006 *** (2.89)	1.916 *** (2.77)	1.956 *** (2.84)	1.927 *** (2.80)
区位因素		Control	Control	Control	Control
政策因素		Control	Control	Control	Control
N	1897	1897	1897	1897	1897
F	79.31 ***	92.06 ***	86.63 ***	87.47 ***	81.37 ***
Adi − R²	0.8331	0.8713	0.8723	0.8728	0.8729
Hausman test	232.66 ***	128.60 ***	139.45 ***	282.34 ***	149.34 ***

注：*** 、** 、* 分别表示在1%、5%和10%水平下的显著。因篇幅原因，本研究没有报告区位因素和政策因素的回归结果，仅以 Control 表示模型中区位因素和政策因素已控制。

三、分地区子样本的回归模型分析

土地财政大小很大程度上与地方土地价格有关，价格因素又会进一步影响地市土地融资的规模因素和融资强度，使得不同地区对于土地财政的依赖程度不同。而土地价格明显受到地市所在区位因素的影响，所以本书需要考虑区位因素对估计结果的影响就很重要。基于此，本书将采用分组回归分析法，检验财政分权和转移支付对土地财政的影响关系在不同经济发展水平地区上的差异。本书将 271 个地市分为了东部、西部和中部三个子研究样本，并分别检验在这三个子样本中，财政分权和转移支付对土地财政的影响关系。

表6-4报告了分地区回归模型数据分析的结果。模型1讨论了在东部地区地方政府财政收入分权、支出分权、一般性转移支付和专项转移支付对土地财政的影响。回归结果表明，在东部地区财政收入分权、支出分

权以及一般性转移支付与土地财政之间均没有显著的影响关系（P > 0.10），仅有专项转移支付与土地财政具有显著的负相关关系（P < 0.01）。这说明在东部地区财政分权可能对于土地财政的影响并不明显，但专项转移支付可以有效地遏制土地财政问题。从模型1还可以看出，在东部地区产业结构与土地财政之间具有显著正相关关系，这进一步提示我们，在东部地区可能随着第二、第三产业的快速发展，大量耕地被地方政府出让作为工业化用途。因此，城市工业化扩张也许才是东部地区土地财政问题发生的根本原因。

表 6 - 4 　　　　　　　　　　分地区回归分析结果

变量	模型 1 东部 （RE）	模型 2 西部 （FE）	模型 3 中部 （FE）
FDrev	0.011 (1.64)	- 0.022 * (- 1.89)	0.007 (1.23)
FDexp	0.006 (1.01)	0.027 ** (3.14)	0.010 (1.55)
Dependent	- 0.084 (- 0.50)	0.215 ** (2.44)	- 0.134 (- 0.54)
Transfer1	- 0.001 (- 0.66)	- 0.000 (- 1.41)	0.001 (1.14)
Transfer2	- 0.004 *** (- 3.70)	- 0.001 ** (- 2.23)	- 0.002 * (- 1.70)
Urban	- 0.010 ** (- 2.36)	0.014 (1.03)	0.007 (0.62)
Structure	0.061 *** (8.14)	0.014 (0.95)	0.010 (0.73)
Area	0.094 (0.76)	1.010 (0.94)	1.691 * (1.75)
区位因素	Control	Control	Control
政策因素	Control	Control	Control
N	826	581	490
F		17.96 ***	31.27 ***
Wald chi2	712.70 ***		
Adi - R²	0.5482	0.7864	0.7847
Hausman test	- 23.20	21.06 **	43.74 ***

注：***、**、*分别表示在1%、5%和10%水平下的显著。Control 表示模型中区位因素和政策因素已控制。

模型2讨论了在中国西部地区地方政府财政收入分权、支出分权以及转移支付对土地财政的影响。分析结果表明，在西部地区地方政府财政收入分权与土地财政之间呈现显著的负相关关系（β = -0.022，P < 0.10），地方政府财政支出分权与土地财政之间呈现显著的正相关关系（β = 0.027，P < 0.05），且专项转移支付与土地财政之间也呈现显著的负相关关系（β = -0.001，P < 0.05），完全符合我们当初的研究预期。这说明在中国西部地区，财政收入分权、支出分权与专项转移支付都是影响土地财政的关键因素。

模型3讨论了在中部地区地方政府财政收入分权、支出分权以及转移支付对土地财政的影响。回归结果表明，在中部地区地方政府财政收入分权和支出分权与土地财政之间也没有显著的影响关系（P > 0.10）。这一结果说明在中国中部地区，财政分权对于土地财政的影响也不明显。但是，地方政府专项转移支付与土地财政之间呈现显著的负相关关系（β = -0.002，P < 0.10），这说明在中部地区专项转移支付是土地财政的影响因素之一。同时，还可以发现土地面积是中部地区影响土地财政的另一个关键影响因素。

表6-4的结果进一步说明，财政分权和转移支付对土地财政的影响关系会受到地域区位因素的影响，在中国西部地区上述影响关系最为显著。这可能因为，相较于东中部地区，西部地区因受到区位限制，本身财政基础较差，所以财政分权对西部地区地方政府财政状况的影响较大。相比东中部地区，西部地区地方政府财政收入相对较少，而支出责任却依然较多，使得地方政府收支缺口较大，面临更为沉重的财政压力，因此，其也更倾向采用土地财政缓解财政困境。同时，中央在实施转移支付时一直向西部地区倾向，西部地区转移支付力度和数额相对较大，从而有利于遏制地方政府出让土地的热情。

四、稳健性分析

（一）土地财政不同测量方式的稳健性分析

本书最初采用土地出让金来反映地方政府的土地财政，土地出让金是地方政府土地出让的成交价总额。但是在地方政府中，地方政府官员为了提高自身的招商引资的吸引力，有时会采用零低价的方式吸引资金。鉴于此，本书考虑到模型的稳健性问题，采用土地出让的纯收益收入，即成交价总额扣除政府支付的土地取得成本作为土地财政测量的代理变量。因统计年鉴统计口径发生变化，2009年之后国土资源年鉴不在统计土地出让纯收入指标，所以本书仅采用 2003～2008 年土地出让的纯收益指标进行了测量指标替换。

从表 6-5 可以看出，收入分权对土地出让纯收入没有显著影响（r = -0.007，P>0.10），支出分权对土地出让纯收入具有显著正向影响（r = 0.016，P<0.01）。财政供养负担对土地出让纯收入没有显著影响（r = -0.035，P>0.10），一般性转移支付对土地出让纯收入有显著的负向影响（r = -0.001，P<0.05），专项转移支付对土地出让纯收入有显著的负向影响（r = -0.000，P<0.10）。研究表明，地方政府财政分权和转移支付对于土地财政的影响不会受到测量方式的影响，因此，本书的结论具有一定的稳健性。

但需要说明的是，在模型 4 的全回归模型中，一般性转移支付对土地财政的影响依然显著，但是专项转移支付对土地财政的影响关系变得并不显著，这与表 7-4 的结果刚好相反，这说明两类转移支付对于土地财政的影响关系会受到测量指标的干扰，这也进一步说明两类转移支付可能对于土地财政收入的具体方式产生不同的影响，这也值得本书在未来的研究中继续挖掘其理论问题。

表 6-5 基于土地财政不同测量方式的稳健性分析

变量	模型 1 （FE）	模型 2 （FE）	模型 3 （FE）	模型 4 （FE）
FDrev	-0.007 （-1.29）			-0.007 （-1.13）
FDexp	0.016*** （2.83）			0.017*** （2.93）
Dependent		0.035 （0.67）		0.011 （0.21）
Transfer1			-0.001** （-2.47）	-0.001** （-2.29）
Transfer2			-0.000* （-1.52）	-0.000 （-1.28）
Urban	0.004 （0.58）	0.003 （0.41）	0.000 （0.11）	0.002 （0.32）
Structure	0.033*** （3.74）	0.035*** （3.94）	0.034*** （3.81）	0.032*** （3.60）

变量	模型1 (FE)	模型2 (FE)	模型3 (FE)	模型4 (FE)
Area	2.817 *** (3.09)	2.805 *** (3.06)	2.684 *** (2.94)	2.630 *** (2.88)
区位因素	Control	Control	Control	Control
政策因素	Control	Control	Control	Control
N	1622	1622	1622	1622
F	52.88 ***	57.62 ***	53.24 ***	41.80 ***
Adi − R²	0.8108	0.8098	0.8111	0.8119
Hausman test	21.88 **	61.91 ***	52.30 ***	98.64 ***

注：*** 、** 、* 分别表示在1%、5%和10%水平下的显著。Control 表示模型中区位因素和政策因素已控制。

（二）基于系统广义矩估计（System GMM）检验的稳健性分析

表6-6报告了基于系统 GMM 估计进行稳健性分析的结果。在模型1中，财政收入分权与土地财政之间没有显著的影响关系（P > 0.10），财政支出分权与土地财政之间具有显著的正相关关系（r = 0.004，P < 0.10），财政供养负担与土地财政之间的关系并不显著（P > 0.10）。

在模型2中，一般性转移支付与土地财政没有显著的影响关系（P > 0.10），专项转移支付与土地财政之间具有显著的负相关关系（r = −0.001，P < 0.10）。因此，通过 GMM 检验可以发现，研究假设基本都得到了验证，结果表明，财政分权和转移支付对土地财政的影响关系依旧成立，因此，可以证明本书的结论是相对稳健的。

表6-6　　　　　　基于系统 GMM 估计的稳健性分析

变量	Model 1	Model 2
L. Lfinance	0.074 (0.82)	0.108 (1.28)
FDrev	−0.024 (−0.52)	
FDexp	0.004 * (1.66)	

变量	Model 1	Model 2
Dependent	-0.037 (-0.30)	
Transfer1		0.000 (0.55)
Transfer2		-0.001* (-1.90)
Structure	0.049 (0.70)	0.015 (0.23)
Urban	-0.114* (-1.71)	-0.098 (-1.30)
Area	11.127 (0.98)	15.87 (1.30)
区位因素	Control	Control
政策因素	Control	Control
N	1355	1355
F	28.75***	33.55***
AR（1）	0.000	0.000
AR（2）	0.730	0.802
Hausman test	0.124	0.076

注：***、**、*分别表示在1%、5%和10%水平下的显著。Control 表示模型中区位因素和政策因素已控制。

第五节　结果分析和讨论

一、财政分权对土地财政的影响

财政分权对于地方政府土地财政的影响已经引起研究学者的关注和重视，陶然[73]、卢洪友[136]、吴群[193]、李涛[194]、郭贯成[195]等学者更是指出财政分权是引发土地财政的根本原因之一。然而，现有研究较少区分财政收入分权和支出分权。财政收入分权和支出分权对地方政府土地财政的影响可能存在差异，因此，本书分别探讨了财政收入分权和财政支出分权对地方政府土地财政的影响，本书实证结果能够进一步证实财政分权对于土地财政的影响，从而完善财政分权理论的研究。

本书通过实证研究结果发现，地方政府的财政支出分权与土地财政之间呈现显著地正相关关系，而财政收入分权与土地财政之间没有显著的相关关系。研究结果说明，财政收入分权并不是直接引起地方政府土地财政的根本原因，财政支出分权才是土地财政关键影响因素。这一结论说明地方政府财政收入的减少并不会强化其土地财政的热情，反而是事权的不断增多致使地方政府入不敷出，面临沉重的财政压力，倾向于依靠出让土地获取财政收入来维系财政收入和财政支出间的平衡，从而引发了土地财政问题。

但需要说明的是，虽然财政收入分权不能显著地影响地方政府的土地财政，但是财政收入分权的增加会调解财政支出分权对土地财政的正向影响关系。这是因为当地方政府的财政收入分权增加时，将带来地方政府财政收入的增加，会缩小地方政府财力和事权之间的差距，进一步解除地方政府的财政压力，进而缓解地方政府土地财政的需求和冲动。

最后，本书还发现，地方政府所处的地域特征会调解财政分权对于土地财政的影响关系。在中国东中部地区财政收入和财政支出分权对土地财政均没有显著的影响关系。这说明在中国东中部地区财政分权不是地方政府土地财政的根本原因，这也提示笔者除财政分权之外，地方政府土地财政背后可能还存在其他影响因素。

在中国西部地区财政收入与土地财政之间具有显著的负相关关系，财政支出分权与土地财政具有显著的正相关关系。这一发现与中国实际的财政管理状况相吻合，相较于东中部地区，西部地区本身财政基础较差，因此其收支缺口巨大，地方政府普遍面临更为沉重的财政压力。因此，西部地区的地方政府在财政困境之下，可能更加需要通过土地财政来换取财政资源。

二、财政转移支付对土地财政的影响

为了改善地方政府财力与事权不匹配的状况，为了缓解地方政府的财力压力，中央政府近年来不断加大对地方政府财政转移支付的力度。财政转移支付资金的大幅增加，在帮助中央政府实施宏观调控职能的同时，也有效地平衡了地方政府间的财力差异。财政转移支付制度作为地方政府财政收入的重要组成部分，对于地方政府财政行为有着很大影响。

本书的实证研究发现，财政转移支付与土地财政之间呈现显著负相关关系，这说明加大政府间转移支付的力度的确有利于降低地方政府土地财政。这正是因为转移支付资金在一定程度上弥补了地方政府财政支出资金的缺口，有效地缩减了地方政府财政收入和财政支出之间的差距，缓解了地方政府财力与事权的不对等状况，从而部分遏制了地方政府出让土地换取财政资源的内在冲动。

相比政府间的一般性转移支付而言，专项转移支付对于地方政府土地财政行为的影响更大。这可能是因为目前我国地市级政府专项转移支付的力度要远高于一般性转移支付的力度，其能够较好地起到平衡各地区财政收支的杠杆作用。地方政府一般性转移支付因规模较小，其对于地方政府财政收支平衡所起到的作用有限。此外，专项转移支付具有较高的灵活性，能够与稳定的项目支出相联系，在一定程度上保障了上级政府交办的新增事权可以有相应的转移支付资金相匹配，从而部分缓解了地方政府财政支出资金的不足，遏制了地方政府的土地财政冲动。

本书还发现，转移支付对土地财政的影响关系不会受到地域环境的影响，不论是在东中部地区还是西部地区，一般性转移支付对于土地财政都没有显著影响，而专项转移支付都会显著地负向影响土地财政。这可能是因为目前中国地方政府专项转移支付的规模较大，其对于地方政府财政和土地财政行为的影响更大。一般性转移支付因为规模较小，所以相较专项转移支付而言，其对地方政府土地财政行为的影响有限。

第六节 本章小结

财政分权被认为是地方政府土地财政的根本原因之一，在此背景下学者们开始关注财政分权对地方政府土地财政的影响。但现有研究没有严格区分财政支出分权与财政收入分权，且现有研究对于转移支付和土地财政之间的影响关系较少涉及。本章在财政分权理论研究视角的框架下，分别讨论了财政收入分权和支出分权对土地财政的影响，并进一步引入财政转移支付制度，分析了转移支付对土地财政的影响。本章构建了理论模型并提出了四个研究假设，并运用地市级面板数据验证了研究假设。

本章主要的实证研究发现为以下四个方面。

首先，实证研究结果发现，财政支出分权与土地财政之间呈现显著正相关关系，财政收入分权与土地财政之间没有显著相关关系。这一结果说明地方政府财政收入的减少并不会强化其土地财政的热情，反而是事权的不断增多致使地方政府入不敷出，面临沉重的财政压力，倾向于依靠出让土地获取财政收入来维系财政收入和财政支出间的平衡，从而引发了土地财政问题。本章的研究结论弥补了财政分权研究没有区分支出和收入分权的不足，深化了现有财政分权理论与地方政府土地财政的理论研究。

其次，实证结果发现，转移支付与土地财政之间呈现显著负相关关系，这说明加大政府间转移支付的力度有利于降低地方政府土地财政。这是因为转移支付资金在一定程度上弥补了地方政府财政支出资金的缺口，有效地缩减了地方政府财政收入和财政支出之间的差距，缓解了地方政府财力与事权的不对等状况，从而有效遏制了地方政府土地财政冲动。本章的研究结论不仅深刻地揭示了转移支付制度对土地财政影响的内在机理，还在一定程度上填补了转移支付和土地财政关系研究的空白。

再次，实证结果还发现，相比一般性转移支付而言，专项转移支付对于地方政府土地财政行为的影响更大。这可能是因为目前专项转移支付的力度要远高于一般性转移支付的力度，其能够较好地起到平衡各地区财政收支的杠杆作用。同时，专项转移支付具有较高的灵活性，能够与稳定的项目支出相联系，在一定程度上保障了上级政府交办的新增事权可以有相应的转移支付资金相匹配，从而部分缓解了地方政府财政支出资金的不足。

最后，本章研究还发现，财政分权以及转移支付对土地财政的影响关系会受到地域环境的影响。在我国东部地区，财政分权和转移支付制度对土地财政均没有显著影响，在我国中部地区仅有转移支付具有影响。在我国西部地区财政支出分权、财政收入分权、财政转移支付和土地财政之间的影响全部显著，与最初预期完全符合。这一发现与我国实际的财政管理状况相吻合，西部地区因自身财政基础较差，财政分权和转移支付对于西部地区地方政府财政的冲击程度更大，二者对土地财政的影响关系更显著。

本章研究的政策启示在于：首先，想要有效缓解我国地方政府的土地财政，就应该从完善当前的财政管理体制入手，可能的路径选择之一就是明确各级地方政府间的支出责任，适度加大地方政府的财力资源，使地方政府的财力与事权尽可能达到匹配；其次，中央政府应考虑进一步加大政府间转移支付的力度，在下放事权给地方政府的同时，也应该配套相应的财力支持，这才有利于缩小地方政府财力与事权之间的差距，从而缓解地方政府土地财政问题。

第七章 土地监管与土地财政的实证研究

第一节 研究目标

从本书第四章的分析可以知道，如果地方政府的土地管理过程中存在一个强有力的约束机制，那么也会从制度层面遏制地方政府的土地财政冲动，缓解地方政府通过土地财政突破预算限制的动机，所以有必要从土地财政的监管制度入手探讨约束机制对土地财政问题的影响。在中国存在着自上而下和自下而上两条监管模式，这两条监管模式都有可能会对地方政府的土地财政问题产生影响。因此，有必要从约束机制入手，分析土地监管制度对于土地财政的影响。

在已有土地财政的研究中，较少有学者关注土地监管对于土地财政的影响，仅见到郭春华[281]和唐鹏[282]等学者从土地产权管制、价格管制和行政问责制的角度，研究政府管制对于土地违法和土地财政的影响关系，学者们研究发现，政府管制会对土地财政产生影响。但现有研究多是聚焦于省级政府层面，没有关注地市级层面的研究。而且该研究更多的是从自上而下的监管视角出发，探讨政府管制对于土地财政的影响。自下而上监管视角的缺失，缺乏对于土地监管问题系统的全面考量。

为此，本章首先将从自上而下的监管和自下而上的监管两种模式出发，分析土地监管对于土地财政问题的影响关系，并提出了相应的研究假设；其次，介绍研究样本和数据来源，基于中国土地管理相关政策规范，选择中国地市级政府作为研究对象，并对核心变量测量和分析方法进行总结；再次，采用实证研究方法，根据收集的 2003～2016 年中国地市级政府的面板数据，验证了土地监管、预算管理和财政透明对于地方政府土地财政的影响，并对研究假设进行了稳健性分析；最后，报告实证分析结果并对其进行讨论，对本书的理论价值和实践启示进行探讨，为进一步从约束机制理解地方政府土地财政提供理论参考。

第二节 研 究 假 设

一、政府监管对于土地财政的影响

《中华人民共和国土地管理法》中明确指出，土地归国家所有，土地出让是指国家以土地所有者的身份将土地使用权在一定年限内进行出让。同时，《土地管理法》还指出土地使用权的出让由市、县人民政府组织实施。从法律法规上可以知道国家才是土地资源的唯一合法主体，其享有土地财源的配置权。地市级政府只不过是国家的代理机构，代表国家行事土地出让的处置权。因此，在土地出让方面中央政府和地市级政府之间就形成了一种委托代理关系，中央政府是委托者，委托地市级政府帮助处理土地出让的具体事宜。诚然，地市级政府是代理者，代表中央政府进行土地出让。

委托代理理论认为，在委托人和代理人的委托关系中，代理人拥有的信息比委托人多，双方存在着信息不对称的状况。因此，因为代理人与委托人追求的目标不一致，容易在一些外部因素的激励下，出于自身利益的述求，在代理过程中作出一些不利于委托人的行为。

在中国土地出让的过程中，因为中央政府把土地出让的权限全权交给地市级政府自主决定，所以中央政府与地方政府之间也存在信息不对称的问题。地方政府在目标责任制考核的背景下，其所追求的目标更多的是发展地方经济，因此，在信息不对称的状况下，地方政府更多的是实现自己的利益诉求。为了发展城市建设推动经济发展，地方政府开始大规模的出让土地。这样一来，地方政府的行为可能就偏离了中央政府为了维护土地出让公平配置和保护耕地的目标定位。

同时，委托代理理论还提出在信息不对称的状况下，想要让代理人的行为符合委托人的目标定位，就必须设计一套监督激励机制，可以使得委托人通过监督了解代理人的信息，从而加强对于代理人行为的纠偏。同时通过监督还可以促使代理人不会隐瞒和扭曲信息，从而减少因为信息不对称所产生的自利行为。在土地出让的过程中，中央政府作为委托人为了规范地市级政府土地出让行为，也需要设计有效的监督机制，以保障地方政府土地出让的规范性，降低地市级政府土地出让的随意性，从而遏制地市级政府土地财政的冲动。

近年来的管理实践表明，中央政府也不断在强化对地方政府的土地监管力度。中央政府不仅在2006年出台了《国务院办公厅关于建立国家土地督察制度有关问题的通知》,① 还在中央和地方建立了专门的监管机构进行土地监督管理,还施行了定期的土地例行督察和不定期的土地专项督察,通过多种途径来加强土地监管。吕萍等[283]、钟太洋等[284]、居祥等[285]、陈晓红等[286]学者研究发现,土地督察制度的建立有效地遏制了土地违法行为,规范了地方政府的土地出让行为。

上述分析进一步提示,中央政府对于土地自上而下监管力度的不断强化,将有利于规范地方政府土地出让的行为,从而缓解地方政府土地财政冲动。基于上述分析,提出本研究第一个假设:

H1:中央政府土地监管与地方政府土地财政负相关,即中央政府土地监管力度越大,地方政府土地财政的规模越小。

二、预算管理对于土地财政的影响

第三章软预算约束理论告诉我们,当地方政府面临的预算环境是"硬"环境的时候,地方政府就会受到原始预算线的约束,政府支出与盈利之间的具有联系,政府需要按照预算支出决定自己的财政行为,不能够随意突破预算约束。因此,在"硬"预算约束环境下,地方政府因为财政的限制,会克制自身的投资冲动,从而降低不断突破预算的可能性。

中国最初的土地出让金没有被纳入地方政府预算管理体系中,属于游离在政府预算之外的预算外收入。预算外收入是不受到预算监管的,这也意味着土地财政收入可以由地方政府随意支配,可以随时通过土地出让获取财政收入,从而不断突破已有财政支出规模。

然而近年来中国政府不断通过规范财政管理制度改革"硬化"预算环境。2006年国务院办公厅出台的《国务院办公厅关于规范国有土地使用权出让收支管理的通知》要求"从2007年1月1日起,土地出让收支全额纳入地方基金预算管理。土地出让收入全部缴入地方国库,支出一律通过地方基金预算从土地出让收入中予以安排,实行彻底的'收支两条线'"②。

这也意味着土地出让金正式被纳入政府预算管理体系之中,接受预算监管,土地财政的支出范围也受到了限制,不能随意扩大支出规模,同时不能随意支出项目,只能使土地出让资金用于重大基础设施和生态发展等

---

① 《国务院办公厅关于建立国家土地督察制度有关问题的通知》,国办发〔2006〕50号,2006年7月13日。

② 国务院办公厅,《国务院办公厅关于规范国有土地使用权出让收支管理的通知》,国办发〔2006〕100号,2006年12月17日。

项目。这样一来，地方政府土地财政的使用就受到了很多的限制和约束，从而降低了土地财政资金的自由裁量权，这在一定程度上会降低地市级政府土地财政资金使用的随意性，缓解土地财政的冲动。基于上述分析，提出本研究第二个假设：

H2：土地出让预算管理与地方政府土地财政负相关，即土地出让预算管理越规范，地方政府土地财政的规模越小。

三、财政透明对于土地财政的影响

中国宪法规定："中国是人民民主专政的社会主义国家，一切权力属于人民，人民是国家的主人。"基于法律规定，在中国土地出让的过程中，除了中央政府与地方政府之间存在委托代理关系，其实还存在着第二重的委托代理关系，即公众与政府间的委托代理关系。即公众作为委托人，把土地资源委托给政府管理。委托代理理论认为，在公众和政府的委托代理关系中，政府透明度的提升能够有效改善委托人和代理人之间的信息不对称，公众作为委托人可以精准推断和评价代理人的行为，从而削弱了政府利用信息不对称牟取私利的可能[287]。

在中国土地出让的过程中，起初因为土地出让数据的不公开透明，公众很难以了解和知道地方政府土地出让的具体情况。土地财政信息的不对称，致使公众没有办法得到地方政府土地出让的信息，公众很难对地方政府土地财政行为进行监管。在缺乏公众监管的背景下，地方政府可以随意支配土地资源，从而不断扩大政府支出。

财政部和国土资源部2015年9月出台《关于进一步强化土地出让收支管理的通知》明确提出："各地区要建立健全土地出让收支信息公开制度，每年在本级政府门户网站上公开本地区年度土地出让收支情况，自觉接受社会监督。"① 政府财政透明度的提升有利于公众及时、充分地获取政府的财政信息，改善政府和公众间的信息不对称局面，从而正确评价政府行为表现，促进政府行为改善。

政府土地财政信息的公开更将有利于公众监管政府土地财政行为，能够有效地预防土地腐败，进而导致对政府土地出让增长的有效控制。卢真和莫松奇实证研究发现财政信息透明度提升有利于外部监督主体能从各个方面监督地方政府行为，可以有效缩减土地财政规模[288]。基于上述分析，

---

① 财政部、国土资源部，《关于进一步强化土地出让收支管理的通知》，财综〔2015〕83号，2015年9月17日。

提出本研究第三个假设：

H3：地方政府财政透明与土地财政负相关，即地方政府财政透明程度越高，地方政府土地财政的规模越小。

四、预算管理对政府监管与土地财政的调节作用

在2007年以前土地财政没有被纳入政府性基金，一直属于预算外资金的状态。因为预算外资金一直没有纳入正式的统一分配的财政体系中去，使得大量的预算外资金游离于财政的监控之外，此时中央政府想要监督土地财政资金的使用都较为困难。即使中央政府想要加大土地监管的力度，因为土地财政信息的不健全也致使中央政府无从下手。

中国2007年之后，土地财政收入被正式纳入政府性基金，其实施全额纳入预算管理，实行收支两条线，并设立专户专款专用。同时土地资源管理部门被要求每年第三季度，需要编制下一年度的土地出让收支预算表，同时每年年终，需要编制土地出让收支决算表。土地财政在纳入预算管理之后，建立了较为全面的财政信息台账，使得中央政府在进行监管的时候有据可查，便于中央政府对土地出让金的使用进行监管。基于此，提出本研究第四个假设：

H4：土地财政预算管理会正向调节政府监管与土地财政之间的负向影响关系，即土地财政预算管理越正规，政府监管越会遏制地方政府土地财政冲动。

图7-1为土地监管与土地财政关系研究框架。

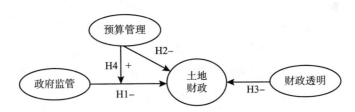

图7-1 土地监管与土地财政关系研究框架

第三节 研究设计

一、研究样本与数据来源

本书的数据由样本期内所选择的地市级政府的土地出让金数据和各地

市土地监管相关数据共同构成。由于土地出让金数据的缺失，我们没有考虑江西省和西藏自治区下属所有地市的情况，因此，本书的最终样本是由中国 271 个地市级政府构成。样本涵盖了 2003～2016 年共十四年的数据，最终的观测点为 3794 个。

本书的数据均来自公开发行的统计年鉴，可以确保数据来源的可靠性和研究结论的可重复性。其中，土地出让金、土地出让面积、土地违法等数据来源于 2004～2017 年的《中国国土资源年鉴》；产业结构、土地面积等数据来源于 2004～2017 年的《中国城市统计年鉴》；财政透明数据来源于清华大学公共经济、金融与治理研究中心财政透明度课题组 2012～2016 年公开的《中国市级政府财政透明度研究报告》。城镇化率因为城市统计年鉴统计口径发生改变，2009 年以后不再统计非农业人口的数量，因此，该指标来源的统计年鉴进行了修改，2003～2016 年的数据改为取自 2004～2017 年的《中国人口和就业统计年鉴》。

二、变量测量

（一）土地财政
本章依然采用土地出让金数量的多少来测量地方政府土地财政。

（二）政府监管
在已有的研究中，很多研究都用违法数量的倒数来反映政府监管的强度，即违法数量越多，则意味着政府管制越弱，反之，违法数量越少，则意味着政府管制越强。因此，本书也采用这一方法来测量政府管制的强弱。需要说明的是，为了反映每一个年度政府管制的强弱，本书采用本年度发生违法数来反映。

《中国国土资源年鉴》中有两个指标来反映本年度发生违法数，一个是本年度发生违法案件的数量，另一个是本年度发生违法的土地面积。本书采用这两个指标数据的倒数来反映政府监管力度，违法案件数量的倒数设为政府监管 1，违法土地面积的倒数设为政府监管 2。需要说明的是，因为这两个数据均是四位数，倒数会非常小，所以本书选用先对这两个数据进行了自然对数处理之后，再去倒数的方法来进行测量。

（三）预算管理
为硬化预算约束，规范地方政府土地财政收入，2007 年 1 月 1 日，国务院发布通知将土地出让金纳入地方预算，实行收支两条线，并加强土地出让金预算监督。因此，2007 年开始，土地出让金从预算外管理转变为预算内管理。为了反映这一预算管理模式的变化，本书设置了预算管理虚拟变量，即 2007 年及以后各年，土地出让金被纳入预算内管理，设置为 1；2007 年以前土地出让金没有被纳入预算内管理，则设置为 0。

（四）财政透明

本书采用的是清华大学公共经济、金融与治理研究中心财政透明度课题组《中国市级政府财政透明度研究报告》中给出的数据。因为在该报告中没有给出地方性基金透明的具体得分，所以本书采用的是地市级政府预算的总体得分。需要说明的是，该研究报告每年的财政透明度得分的总分不同，如 2012 年的总分是 8 分，2013 年的总分是 400 分，2014 年的总分是 540 分，2015 年和 2016 年的总分都是 620。因为总分不同，所以同一个市多年的得分不具有可比性。本书进行了标准化处理，即把每年的总分都核算为 100 分，然后在此标准下计算各市的得分。

表 7 - 1 为变量一览表。

表 7 -1 　　　　　　　　　　　　变量一览表

变量类型	变量名称	变量代码	变量定义	数据来源
因变量	土地财政*	Lfinance	地方政府的土地出让金	国土资源统计年鉴
自变量	政府监管 1*	Inspect1	本年发生违法案件数量自然对数的倒数	国土资源统计年鉴
	政府监管 2*	Inspect2	本年发生违法土地面积自然对数的倒数	国土资源统计年鉴
	预算管理	Budget	虚拟变量，没有纳入预算管理作为参照组	作者设置
	财政透明	Transparent	以总分为 100 进行标准化后的财政透明度得分	中国市级政府财政透明度研究报告
控制变量	城镇化率	Urban	城镇人口/总人口	中国人口和就业统计年鉴
	产业结构	Structure	（第二产业 + 第三产业）/GDP	中国城市统计年鉴
	土地面积*	Area	地区实际面积	中国城市统计年鉴
	区位因素	East \ West	以中部为参照组设置东西两个地域虚拟变量	作者设置
	政策因素	Y2004 - 2016	以 2003 年为参照组设置 2004 ~ 2016 十三个时间虚拟变量	作者设置

注：* 表示该变量取自然对数。

（五）控制变量

1. 城镇化水平。本书采用非农业人口与总人口比重作为城镇化的衡量指标，城镇化率越高，表明城市化水平越高；采用第二产业和第三产业占 GDP 的比例衡量产业结构，产业结构比例越高代表城市化水平越高。

2. 土地面积。地区土地面积越多，表明地方政府在土地出让时可使用土地越多，地方政府的土地财政可能越容易实现。各市土地面积是本书的控制变量之一，本书采用地区实际土地面积来测量。

3. 区位因素。以中部地区为参照组，本书分别设置东部（East）和西部（West）两个地区虚拟变量。具体设置是：以虚拟变量东部 East 为例，分析样本中东部地区样本取值为 1，西部地区取值为 0，具体形式为（1，0）。相应的，虚拟变量西部 West 取值为（0，1）。

4. 政策因素。各地市土地财政出让金可能还会受到中国每年出台的土地政策的影响，为此设置了时间虚拟变量以控制不同年份政策因素的影响。本书以 2003 年为参照组，分别设置了 2004~2016 年 13 个时间虚拟变量。

第四节 数据分析

一、描述性分析

表 7-2 报告了变量描述性统计分析结果，可以看出各地市级政府土地监管力度差异不大，这说明不论是对违法案件数量还是对土地违法面积的监管各地市监管力度基本相同。从图 7-2 的核密度图可以发现，不论是对违法案件数量的监管（见图 7-2a），还是对土地违法面积的监管（见图 7-2b），核密度图都具有一样的趋势，即年度曲线有明显向右偏移趋势，这说明对于地市级而言政府监管力度相较之前而言明显增大。这进一步说明 2003~2016 年，中央政府在不断加大对地市级政府土地出让监管力度。此外，还发现地市级政府财政预算透明程度有待改善，地市级财政透明度的平均得分仅为 34.26，没有达到及格标准，地市级政府预算透明公开程度有待提高。

表 7 - 2 **变量的描述性统计分析**

变量	观测点	均值	标准差	最小值	最大值
Lfinance*	3794	12.224	1.670	4.716	20.124
Inspect1	3794	0.128	0.159	0.097	0.224
Inspect2	3794	0.139	0.017	0.100	0.230
Budget	3794	0.714	0.452	0	1
Transparent	1149	34.257	18.497	0	86.03
Structure	3794	85.222	9.134	48.06	99.97
Urban	3794	46.362	12.858	13.05	69.2
Area*	2794	9.339	0.815	7.015	12.443

注：*表示该变量取自然对数。

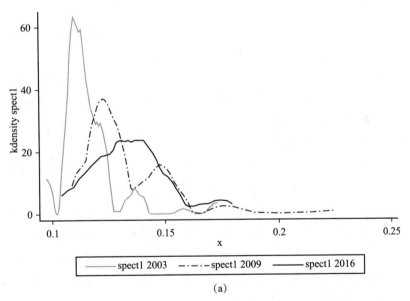

(a)

图 7 - 2　土地监管力度核密度

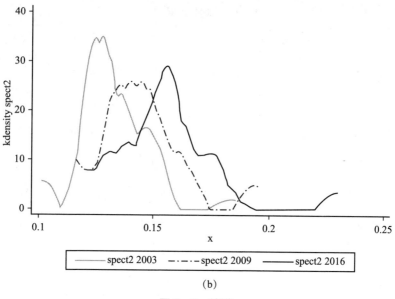

(b)

图 7 - 2　续图

二、基准回归模型分析

表 7 - 3 报告了土地监管对于土地财政影响的面板数据基础回归模型分析结果。模型 1 是控制了所有的控制变量之后，政府监管力度对土地财政的影响回归模型。回归分析结果表明，政府监管力度 1 与土地财政之间的回归系数为 - 4. 299，且两者之间的关系呈显著负相关（P < 0. 01）；政府监管力度 2 与土地财政之间的回归系数为 - 5. 792，且两者之间的关系依然呈显著负相关（P < 0. 01）。

模型 3 是加入了预算管理后的回归模型，政府监管力度 1 和政府监管力度 2 与土地财政之间的负相关关系依然显著（P < 0. 01）。模型 5 是又加入了财政透明后的全模型，虽然政府监管力度 2 与土地财政之间的负相关关系变得不再显著（P > 0. 10），但是政府监管力度 1 与土地财政之间的负相关关系依然显著（P < 0. 01）。因此，由上述 3 个模型可以得出，政府监管对于土地财政具有显著的负向影响，政府监管力度的强化可以有效遏制土地财政，研究假设 1 得到支持。

模型 2 是控制了所有的控制变量之后，预算管理对土地财政的影响回归模型。回归分析结果表明，预算管理与土地财政之间的回归系数为 2. 041，且两者之间的关系呈显著正相关（P < 0. 01）。同样。在模型 3 和模型 5 中，预算管理与土地财政之间的正向影响关系依然显著（P < 0. 01

和 P < 0.10），这说明预算管理模式的变化会正向促进土地财政，与研究假设预期的结果相反，因此，研究假设 2 没有得到支持。

表 7 - 3 土地监管对土地财政影响的回归结果

变量	Model 1 (FE)	Model 2 (RE)	Model 3 (RE)	Model4 (FE)	Model5 (RE)
Inspect1	-4.299 *** (-2.70)		-4.299 *** (-2.70)		-11.688 *** (-3.26)
Inspect2	-5.792 *** (-5.33)		-5.792 *** (-5.33)		2.453 (1.00)
Budget		2.041 *** (16.30)	1.078 *** (10.67)		0.780 * (1.82)
Transparent				0.001 (0.41)	0.003 (1.47)
Structure	0.029 *** (7.41)	0.036 *** (10.05)	0.029 *** (7.41)	0.059 *** (3.09)	0.073 *** (9.11)
Urban	-0.005 (-1.43)	-0.003 (-0.97)	-0.001 (-1.43)	0.022 (0.79)	0.025 *** (3.47)
Area *	-0.162 (-0.75)	-0.146 * (-1.84)	-0.162 (-0.75)	0.127 (0.27)	0.172 ** (2.06)
区位因素	Control	Control	Control	Control	Control
政策因素	Control	Control	Control	Control	Control
N	3794	3794	3794	1149	1149
F	464.81 ***		464.81 ***	35.75 ***	
Wald chi2		8274.39 ***			437.19 ***
Adi - R^2	0.8658	0.7019	0.8658	0.8284	0.2635
Hausman test	92.97 ***	-10.75	93.94 ***	123.07 ***	-42.70

注：*** 、 ** 、 * 分别表示在 1% 、 5% 和 10% 水平下的显著。因篇幅原因，本书没有报告区位因素和政策因素的回归结果，仅以 Control 表示模型中区位因素和政策因素已控制。

模型 4 是控制了所有控制变量后，财政透明对土地财政的影响回归模型。回归分析结果表明，财政透明与土地财政之间没有显著影响关系（P > 0.10）。模型 5 的全模型依然显示，财政透明与土地财政之间没有显著影响关系（P > 0.10）。这说明财政透明程度的增加在现阶段没有办法显著降低土地财政规模，因此，研究假设 3 也没有得到支持。这可能是因为现阶段地市级政府财政透明的程度较低，没有给公众提供较好的监管数据和监管平台，使得公众没有办法通过这一渠道监管地方政府的土地财政行为。

三、调节效应回归模型分析

表7-4报告了预算管理对于政府监管和土地财政影响关系的调节效应回归模型分析结果。

表7-4　　　预算管理对土地监管和土地财政关系的调节效应分析

变量	Model 1 (FE)	Model 2 (RE)	Model 3 (FE)
Inspect1	- 8. 735 *** (- 4. 57)		- 7. 687 *** (- 3. 20)
Inspect2		- 6. 070 *** (- 4. 69)	- 0. 226 (- 0. 14)
Budget	- 0. 081 (- 0. 34)	1. 835 *** (7. 30)	0. 233 (0. 93)
Inspect1 × Budget	9. 944 *** (1. 685)		14. 428 *** (6. 62)
Inspect2 × Budget		1. 442 (1. 00)	- 7. 278 *** (- 3. 94)
Structure	0. 030 *** (7. 69)	0. 037 *** (10. 28)	0. 030 *** (7. 77)
Urban	- 0. 003 (- 0. 63)	0. 000 (0. 10)	- 0. 001 (- 0. 18)
Area *	- 0. 109 (- 0. 51)	- 0. 132 * (- 1. 77)	- 0. 105 (- 0. 49)
区位因素	Control	Control	Control
政策因素	Control	Control	Control
N	3794	3794	3794
F			425. 53 ***
Wald chi2	8284. 82 ***	8280. 39	
Adi - R^2	0. 7044	0. 7036	0. 8775
Hausman test	- 23. 82	- 16. 76	97. 79 ***

注：*** 、** 、*分别表示在1%、5%和10%水平下的显著。因篇幅原因，本书没有报告区位因素和政策因素的回归结果，仅以Control表示模型中区位因素和政策因素已控制。

模型 1 是预算管理与政府监管 1 的交互作用对土地财政的影响回归模型，模型分析结果表明，预算管理与政府监管 1 对土地财政的交互作用的标准化回归系数为 9.944，且两者的交互作用对于土地财政的影响关系显著相关（$P < 0.01$）。同时模型 3 的全模型中，预算管理与政府监管 1 的交互作用对土地财政的正向影响关系依然显著。这一结果说明，预算管理能够有效地正向调节政府监管 1 与土地财政的影响关系。

模型 2 是预算管理与政府监管 2 的交互作用对土地财政的影响回归模型，模型分析结果表明，预算管理与政府监管 2 对土地财政的交互作用的标准化回归系数为 1.442，但两者的交互作用对于土地财政的影响关系并不显著（$P > 0.10$），这说明预算管理对于政府监管 2 与土地财政之间的影响并不具有调节关系。虽然在全模型 3 中，预算管理与政府监管 2 的交互作用对土地财政的影响关系显著正相关（$P < 0.01$），但是因为在表 8 - 3 的全模型 5 中政府监管 2 对土地财政没有显著影响关系，因此，在全模型中调节关系依然不成立。

通过上述的分析可以得出，预算管理能够有效地正向调节政府监管 1 对土地财政的负向影响关系，因此，研究假设 4 部分得到支持。这一结果表明，当政府强化监管力度时，地市级政府土地财政问题能够在一定程度上得到缓解。而此时如果中央政府在加强对于地市级政府预算管理时，则会出现政策的叠加效应，使得这一负向影响关系被强化，更能有效遏制土地财政问题。

四、分地区子样本的回归模型分析

表 7 - 5 报告了分组回归分析的结果。首先，模型 1 和模型 2 分别讨论了在东部地区土地监管对于土地财政的影响。回归的分析结果表明，在东部地区政府监管 2 与土地财政之间具有显著的负相关关系（$P < 0.01$ 和 $P < 0.05$），但政府监管 1 与土地财政之间没有显著的相关关系（$P > 0.10$）。同时，预算管理与财政透明与土地财政之间也没有显著的相关关系（$P > 0.10$）。这说明在中国东部地区政府也仅有政府监管对土地财政影响的研究假设成立，即在中国东部地区政府监管的力度越强，土地财政问题越容易得到缓解。

模型 3 和模型 4 分别讨论在西部地区土地监管对于土地财政的影响。需要说明的是，因为预算管理出现共线性问题被从模型中移去，所以模型 4 中没有报告预算管理的回归结果。通过分析结果表明，在西部地区政府监管 1、政府监管 2、预算管理与财政透明与土地财政之间均没有显著的相关关系（P＞0.10）。

　　模型5和模型6分别讨论在中部地区土地监管对于土地财政的影响。需要说明的是，预算管理因为共线性问题依然没有出现在模型6中。通过分析结果表明，在中国中部地区政府监管1、政府监管2、预算管理与财政透明与土地财政之间也均没有显著的相关关系（P＞0.10）。上述研究结果表明，在中国中西部地区，土地监管暂时还未发挥有效的治理效用，其对土地财政的遏制作用有待于进一步考察。

表7-5　　　　　　　　　　　　分地区的回归模型分析

变量	Model 1 东部 （FE）	Model2 东部 （RE）	Model3 西部 （FE）	Model4 西部 （RE）	Model5 中部 （RE）	Model6 中部 （FE）
Inspect1	0.032 (0.01)	5.625 (1.07)	2.938 (1.07)	－9.550 （－1.24）	9.414 ** (2.31)	20.910 (1.62)
Inspect2	－7.471 *** （－4.22）	－9.548 ** （－2.22）	－1.908 （－1.02）	6.342 (1.64)	－1.146 （－0.41）	－8.773 （－0.74）
Budget		0.761 (1.55)				
Transparent		0.002 (1.14)		－0.003 （－0.95）		0.005 (1.43)
Structure	0.034 *** (6.18)	0.117 *** (11.33)	－0.001 （－0.13）	0.057 (1.29)	0.033 *** (5.49)	0.076 (1.36)
Urban	－0.011 ** （－2.33）	0.159 (1.25)	0.011 (0.95)	0.191 * (1.87)	－0.015 （－1.34）	－0.054 （－0.25）
Area *	1.769 ** (2.22)	0.349 *** (2.73)	0.537 (0.77)	2.448 (1.40)	0.066 (0.66)	－0.399 （－0.67）
区位因素	Control	Control	Control	Control	Control	Control
政策因素	Control	Control	Control	Control	Control	Control
N	1652	500	1162	359	980	290
F	198.11 ***		123.64 ***			6.88 ***
Wald chi2		331.49 ***		3346 ***	3128.32 ***	
Adi－R²	0.8859	0.3491	0.8178	0.2747	0.7841	0.6939
Hausman test	68.32 ***	－22.63	29.83 **	4.43	－7.73	64.77 ***

注：***、**、*分别表示在1%、5%和10%水平下的显著。因篇幅原因，本书没有报告区位因素和政策因素的回归结果，仅以Control表示模型中区位因素和政策因素已控制。

五、稳健性分析

表7-6报告了土地财政不同测量方式的稳健性分析结果。因为《国土资源年鉴》统计口径的变化，2009年以后不再统计土地出让纯收入，所以本书更换了稳健性分析土地财政的测量指标。本章用土地出让的土地面积作为土地财政的稳健性分析指标。

从回归模型1和模型4可以看出，政府监管1与土地出让面积之间具有显著的负相关关系（P<0.05），且相关系数为-7.205。政府监管2与土地出让面积之间也具有显著的负相关关系（P<0.01），且相关系数为-4.926。这说明政府监管对于土地财政的负向影响关系不会受到土地财政测量方式的影响，本研究的结论具有一定的稳健性。

同时，从回归模型2、模型3和模型4可以看出，预算监管与土地出让面积之间没有显著的影响关系（P>0.10）。财政透明与土地出让面积之间也没有显著的影响关系（P>0.10）。因此，预算监管和财政透明对于土地财政没有影响的结论也依然保持不变。

表7-6   基于土地财政不同测量方式的稳健性分析

变量	Model 1 （FE）	Model 2 （RE）	Model3 （FE）	Model4 （RE）
Inspect1	-4.539*** （-3.30）			-7.205** （-2.48）
Inspect2	-4.999*** （-5.32）			-4.926*** （-3.06）
Budget		0.726*** （6.92）		0.076 （0.14）
Transparent			-0.000 （-0.03）	-0.000 （-0.03）
Structure	0.027*** （7.80）	0.032*** （10.64）	0.042*** （3.68）	0.038*** （3.34）
Urban	-0.014*** （-4.41）	-0.009*** （-3.33）	0.004 （0.26）	0.004 （0.24）
Area*	-0.301 （-1.61）	0.061 （1.05）	0.011 （0.04）	-0.029 （-0.10）

变量	Model 1 （FE）	Model 2 （RE）	Model3 （FE）	Model4 （RE）
区位因素	Control	Control	Control	Control
政策因素	Control	Control	Control	Control
N	3794	3794	1149	1149
F	118. 26 ***		76. 65 ***	64. 16 ***
Wald chi2		2096. 60 ***		
Adi－R^2	0. 7648	0. 3707	0. 8506	0. 8519
Hausman test	112. 60 ***	21. 39	15. 15 *	25. 80 ***

注：*** 、** 、* 分别表示在1%、5%和10%水平下的显著。因篇幅原因，本书没有报告区位因素和政策因素的回归结果，仅以 Control 表示模型中区位因素和政策因素已控制。

第五节　结果分析与讨论

一、政府监管力度不断增强

中国在近年来不断加大中央政府对地方政府土地出让的监管力度，中央政府在 2006 年出台了《国务院办公厅关于建立国家土地督察制度有关问题的通知》，并设立国家土地总督察和副总督察落实国家土地督察制度，并且向地方派驻九个国家土地督察局履行监督检查职责。并自 2008 年开始每年实施土地例行督察，对特定地区的土地利用和管理情况进行全面监督检查，同时还不定期地进行各种土地专项督察。土地管理的实践表明，中央政府为了规范地方政府土地出让行为，近年来不断再加大土地监管的力度。

本书的统计结果与实践管理现状高度吻合，本书不论是对违法案件数量监管的核密度图，还是对土地违法面积监管的核密度图，均发现年度曲线有明显的向右偏移的趋势，这说明对于地市级政府而言，中央政府土地监管的力度相较之前明显增强。这也进一步表明中央政府在土地治理层面的决心，通过不断强化政府土地监管，来规范地方政府土地出让行为，从而有效缓解土地财政问题。

二、政府监管对土地财政的影响

学者们普遍认为，政府监管能够有效遏制地方政府土地出让过程中的违法行为，缓解土地财政问题，但是该研究发现缺乏有力的实证证据。本书基于 2003～2015 年十三年的相关数据，对政府监管和土地财政之间的影响关系进行了分析。本书通过实证研究结果发现，中央政府监管与土地财政之间呈现显著的负相关关系，且这一结论具有稳健性。研究结果能够进一步证实中央不断加大对地方政府土地出让行为的监管力度，是能够有效地缓解地方政府土地财政问题。

这是因为通过土地例行和专项督察，中央政府能够及时发现地方政府土地出让过程中的违规行为，并进而及时纠正地方政府的行为。这对地方政府土地出让权力起到了较好的制约作用，使得地方政府不能盲目地开发土地资源，也不能滥用土地资源，在一定程度上遏制了地方政府土地财政行为。同时，土地督察还以保护耕地资源作为首要前提，在此前提下地方政府不敢随意乱侵占耕地，不敢轻易把耕地资源出让作为工业或房地产开发之用，这也降低了地方政府想通过出让土地换取招商引资的热情，使得地方政府土地财政偏好有所降低。

更为重要的是，自从国家土地督察制度建立以来，土地违法已经成为各地分配建设用地指标的一个选项，即某地市级政府如果在督查中被发现土地违法较多，其未来被分配的建设用地指标就会被减少。此时，地方政府为了建设用地指标不被减少，都会尽量减少其土地违法的数量，也在一定程度上降低了地方政府土地财政的冲动。

最后，本书还发现，地方政府所处的地域特征会调解政府监管对土地财政的影响。实证研究发现，仅在中国东部地区政府监管对土地财政的负向影响关系显著成立，在中西部地区政府监管对土地财政的负向影响关系均不显著。这是因为东部地区土地监管的力度较大，且较为规范，能够有效地缓解土地财政问题。中国中西部地区土地监管还较不规范，对于土地的管理能力和违法行为的查处力度都明显低于东部地区，因此，西部地区的政府官员更容易通过出让土地换取资源。近年来西部土地出让迅速增长也从侧面印证了这一假设。这也进一步提示我们，应该关注中西部地区的土地监管实践，规范和加大土地监管的力度，才能更有效地缓解这两个地区的土地财政问题。

三、预算管理对于政府监管和土地财政关系的调节

预算管理的方式会影响中央政府对土地监管的可操作程度，并进而影响土地监管对于土地财政的影响关系。本书通过实证研究验证了这一理论假设，本书的回归结果表明，预算管理对于政府监管和土地财政之间的负向

关系具有显著的正向调节作用，其能增强政府监管对土地财政的缓解作用。

这一研究发现，说明当地方政府土地出让金纳入预算管理之后，确实为中央政府监管提供了资料保障，从而使得土地监管能够更便利和更有效的开展，从而降低了地方政府土地财政倾向。这也进一步提示我们，应该继续强化对于土地出让金的预算管理。

第六节　本 章 小 结

加大土地监管力度，可以有效硬化约束环境，是缓解地方政府土地财政的有效途径之一。但已有研究中较少有学者关注土地监管对于土地财政的影响，且这一结论也缺乏有力的实证证据。因此，本章从自上而下和自下而上两条监管路径出发，分析了政府监管、预算管理、财政透明对土地财政的影响关系，在此基础上构建了理论模型，并提出了四个研究假设，并运用地市级面板数据验证了研究假设。

本章主要的实证研究发现为以下四个方面。

首先，在中国存在着自上而下和自下而上两条监管模式，目前地方政府的土地监管依然以自上而下的政府内部监管为主。因为地市级政府财政透明的程度有待提高，公众参加到土地财政的监管程度有限。本章的实证研究更是发现近年来中央政府对地方政府土地监管的力度在不断增强，自上而下的政府内部监管路径不断强化。

其次，实证研究结果发现，中央政府土地监管与土地财政之间具有显著的负相关关系，且这一结论具有较好的稳健性。这表明中央政府近年来不断加大对地方政府土地出让行为的监管力度，能够规范地方政府土地出让的行为，有效地缓解地方政府土地财政问题。本章的研究结论弥补了土地监管与土地财政关系研究的不足，在一定程度上拓展了现有土地财政影响因素的理论研究。

再次，实证研究结果发现，预算管理对于政府监管和土地财政之间的负向关系具有显著的正向调节作用，其能增强政府监管对土地财政的缓解作用。这说明当地方政府土地出让金纳入预算管理之后，确实为中央政府监管提供了资料保障，从而使得土地监管能够更便利和更有效地开展，从而降低了地方政府土地财政倾向。本章的研究结论揭示了预算管理、政府监管对土地财政影响的内在肌理，在一定程度上填补了预算管理和土地财政关系研究的空白。

最后，本章研究还发现，政府监管对土地财政的影响关系会受到地域环境的影响。在我国东部地区政府监管对土地财政具有显著负向影响，但在中西部地区政府监管对土地财政均没有显著影响。上述研究结果表明，在我国东部地区这一影响关系最显著，政府监管有效地缓解了土地财政问题。在我国中西部地区，土地监管暂时还未发挥有效的治理效用，其对土地财政的遏制作用有待进一步考察和强化。

　　本章研究的政策启示在于：首先，想要有效缓解我国地方政府的土地财政，就应该从强化土地监管制度入手，中央政府仍需不断强化土地监管的力度，通过土地监管不断硬化约束环境，从而遏制地方政府土地财政冲动。其次，应继续强化对于土地出让金的收支管理，严格按照规定将土地出让金全部纳入地方基金预算，并加强对政府土地出让金收支预算决算的审查和监督。

第八章　土地财政与地区经济发展的实证研究

第一节　研究目标

在地方政府一系列化解财政危机的措施中，土地财政已成为地方政府破解财政困境的主要手段。因为土地财政的实施能为地方政府带来巨额的财政收入，能够有限地缓解地方政府的财政困境。那么，地方政府的土地财政的实施是否促进了地区经济发展呢？在已有相关研究中，虽然地方政府土地财政对经济发展的影响已有的研究有限，但是学者们对于两者之间的关系目前看来较为一致，普遍认为地方政府的土地财政能有效地促进地方政府经济的发展[155-157]。

对于土地财政实施的经济效应的研究已经展开，但是现有研究多聚焦于省级政府层面，较少有研究关注于地市级层面。且现有研究多关注土地财政对地区经济发展的短期影响，较少有研究探讨土地财政对于地区经济发展的长期影响关系。鉴于此，本书拟选取地市级政府作为研究对象，分别探讨土地财政对于地区经济发展的短期和长期的影响关系。

为此，首先，本章从地区经济发展方面探讨了土地财政实施的经济效应，并提出了相应的研究假设；其次，介绍研究样本和数据来源，选择中国地市级政府作为研究对象，并对核心变量测量和分析方法进行总结；再次，采用实证研究方法，根据收集的地市级政府的面板数据，分别验证了土地财政对于地区经济发展短期效应以及长期效应的影响；最后，报告实证分析结果并对其进行讨论，本研究理论价值和实践启示进行探讨，进一步从地区经济效应收益的视角理解地方政府土地财政依赖问题提供理论参考。

第二节　研究假设

随着城市化扩张，人们对土地依赖程度逐渐提高，土地作为一种不可再生的稀缺资源，其自身价位也不断上涨，地方政府土地出让的规模也随之加大。土地财政规模与日俱增，为地方政府带来了丰厚的收益，解决了地方政府大部分的财政负担。近十多年来，中国 GDP 一直保持着 10% 左右的高速增长，这是世界历史上都非常罕见的。在这增长的背后，有很多重要因素发挥着作用，但其中土地财政的作用不容小觑[289]。

土地对于中国地方经济发展的促进作用，主要表现在：首先，土地财政为地方政府提供了充足的收入来源，保障了地方经济发展的顺利进行。张志宏的研究发现，2009～2012 年土地出让收益支出中城市基础设施建设支出近 2 万亿元，占当年土地出让支出的比例分别为 73.49%、73.52%、62.29%、55.27%%。虽然其呈逐年下降趋势，但城市基础设施建设支出占土地出让收益支出的比重仍然过半[290]。

其次，为了加强地方政府在竞争中的绝对优势，提高政府财政收入，各级地方政府都倾向于采用十分优惠的价格出让土地，进行招商引资，从而促进了城市的扩张和经济的发展。陶然的研究发现，对工业项目开发，我国部分地方政府不仅给予大量税收优惠，而且在供给工业用地时也采取低地价、零地价，以此作为招商引资的重要手段吸引制造业投资[291]。由此可以推论，出让土地金已成为地方招商引资的手段之一，通过提供低价土地吸引制造业入驻的同时，也为地区带来丰厚的税收。

已有实证研究也发现了地方政府的土地财政对于地区经济发展的促进作用。如陶然等学者的研究发现，地方政府土地出让能有显著地促进地方政府总财政收入、企业税收、营业税收入、增值税收入的有效提升[73]；张昕基于北京市的实证研究发现，地方政府的土地出让金与人均 GDP 之间具有显著的正相关关系[292]；杜雪君等采用格兰杰因果关系检验的结果发现，中国土地财政与地方财政收入、固定资源投资和经济增长之间存在显著的影响关系，其中对于经济增长的影响尤其显著[112]；丁成日和利希滕贝格基于 220 个城市面板数据的实证研究发现，地方政府土地出让的面积能够显著地提升城市第二产业和第三产业 GDP 总值的增长[81]。基于上述分析，提出本研究的假设：

H1：地方政府土地财政与地区经济发展正相关，即地方政府土地财政的规模越大，地方政府的经济发展越快。

第三节　研　究　设　计

一、研究样本与数据来源

本书的数据是由样本期内所选择的地市级政府的土地出让金数据和地区经济发展相关数据共同构成。由于土地出让金数据的缺失，我们没有考虑江西省和西藏自治区下属所有地市的情况，因此，本书的最终样本由中国 271 个地市级政府构成。

值得注意的是，国家下发的《国有土地使用权出让收支管理办法》中明确要求："地方政府土地出让收支全额纳入地方政府基金预算管理。收入全部缴入地方国库，支出一律通过地方政府基金预算从土地出让收入中予以安排。"由此可以推论，土地出让金的使用具有一定的延迟性，地方政府需要时间去消化。陶然等的研究发现，土地出让对于地方政府财政的影响不是当期即现的，是需要一定的过渡期限的[155]。而且考虑到模型的内生性，本书选取的地区经济发展数据均选择滞后一期的数据。

需要说明的是，因为《中国城市统计年鉴》统计口径发生变化，2018年的《中国城市统计年鉴》中经济发展指标部分由统计全市改为统计市辖区，致使 2017 年的 GDP 指标没有办法与之前的 GDP 指标进行比较。因此，本书中 GDP 指标仅能获取到 2016 年。因此，经济发展指标选择之后一期，所以本章研究的样本实际涵盖了 2003～2015 年共十三年的数据，最终的观测点为 3523 个。

本书的数据均来自公开发行的统计年鉴，可以确保数据来源的可靠性和研究结论的可重复性。其中，自变量土地出让金数据来源于 2004～2016年的《中国国土资源年鉴》；因变量人均 GDP 数据来源于 2005～2017 年的《中国城市统计年鉴》；控制变量人口规模、财政收入、财政支出、产业结构、外商直接投资等数据则来源于 2004～2016 年的《中国城市统计年鉴》。控制变量城镇化率来源于 2004～2016 年的《中国人口和就业统计年鉴》。

二、变量测量

（一）土地财政
本章依然采用土地出让金数量的多少来测量地方政府土地财政。

（二）地区经济发展
对于地区经济发展水平的测量，学者们通常采用国民生产总值（GDP）的增长比率来测量地区经济发展水平。达乌迪和邹恒甫采用人均五年GDP平均增长率和人均10年GDP平均增长率来测量经济发展[267]。需要说明的是，在其研究中GDP的增长率是消除通货膨胀后的GDP增长，因此，也被称作为真实GDP增长率（Real GDP Growth Rate）。科利尔（Collier）采用年度人均GDP的增长率来测量经济绩效[293]。阿贝德和达乌迪（Abed & Davoodi）则是采用真实人均GDP的增长率来测量经济绩效[294]。李宏兵和周黎安采用政府年度GDP增长率和官员任期内平均GDP增长率测量经济绩效[295]。卡里翁用真实人均GDP增长率和真实人均经济增加总值（GVA）来测量经济绩效[274]。

表8-1为国外有关地区经济发展水平测量维度汇总。

表8-1 国外有关地区经济发展水平测量维度汇总

研究者	年代	绩效指标
Davoodi & Zou	1998	真实人均5年GDP平均增长率
Collier	2000	真实人均10年GDP平均增长率 人均GDP的增长率
Abed & Davoodi	2002	真实人均GDP的增长率 年度GDP增长
Li & Zhou	2005	官员任期内平均GDP增长率
Carrion	2008	真实人均GDP增长率 真实人均经济增加总值

由于本书对于地区经济发展水平的定义是政府在社会经济活动中的结果，组织经济实力增长的反映，因此，本书采用GDP的增长率来测量经济发展水平。根据上述的研究可以发现，对于GDP的测量学者们倾向于采用消除通货膨胀以及人口规模影响后的真实人均GDP的数值来计算GDP增长率，本书遵循现有研究的普遍做法，也选择真实人均GDP增长率来测量经济发展水平。

同时为了抹平时间效应对于 GDP 的影响，本书参照以往研究的做法，选择近三年年平均人均 GDP 增长率作为长期经济发展水平的测量指标。因此，本书最终采用的是消除通货膨胀后的人均 GDP 增长率，以及近三年年平均人均 GDP 增长率两个指标来分别测量经济发展水平的短期效应和长期效应。

（三）控制变量

为了控制其他因素对地区经济发展水平的影响，我们设置了如下控制变量。

1. 人口结构和规模。人口规模可能会影响地方政府的经济发展水平，因为人口规模越大，地方政府在公共服务领域的投入可能越多，因此，其在经济发展领域的投入可能越低；人口规模中城镇化人口数量的越多，意味着城市公共服务领域的投入需要越多，因此，可能会影响地区经济发展。为此我们控制了地区人口规模和城镇人口的规模，前者采用辖区年末人口总数进行衡量，后者采用辖区城镇人口占总人口的比值来反映。

2. 财政自给能力。财政自给能力的高低可能影响政府的财政汲取能力，并对地区经济发展产生影响。财政自给能力水平较高的地区有可能促进经济发展的能力也较高。为此我们控制了地方政府的财政自给能力，具体做法是采用辖区预算收入占预算支出的比重来反映。

3. 区域环境状况。区域经济环境状况的好坏有可能也会影响地方政府的经济发展。区域经济环境状况越好，意味着地方政府未来发展经济的可能性越高，在此基础上，地方政府有可能会提升自身的经济发展水平。为此我们控制了区域环境状况的影响，区域环境状况主要由产业结构来反映，其采用第二产业和第三产业总产值占 GDP 的比例来反映。

4. 区位因素。为了控制可能因为地域区位所产的影响，本书设置了反映地市地理位置的地区虚拟变量。本书也将样本中的地市分为东部、中部和西部三个地区。我们以中部地区为参照组，分别设置了虚拟变量 East 和 West。具体设置是：以虚拟变量 East 为例，分析样本中东部地区的样本取值为 1，西部地区的取值为 0，具体形式为（1，0）。相应的，虚拟变量 west 的取值为（0，1）。需要说明的是，所有低于虚拟变量取值都为 0 的情况，即编码为（0，0）的情况表示样本所处地区为中部地区。

5. 政策因素。为了控制不同年份政策对于政府土地财政的影响，本书设置了年份虚拟变量。本书的样本其为十三年，我们以 2003 年为参照组，分别设置了虚拟变量 Year2004、Year2005、Year2006、……、Year2015 一共12 个时间虚拟变量。具体设置是：以虚拟变量 Year2004 为例，分析样本中 2004 年的样本取值为 1，其余年份的样本取值为 0。其他虚拟变量的取值依次类推。需要说明的是，其中所有年份虚拟变量取值都为 0 的情况表示样本的分析年份为 2003 年。

表 8 - 2 为变量一览表。

表 8 - 2			变量一览表	
变量属性	变量名称	变量代码	变量定义	数据来源
因变量	土地财政	Lfinance	地方政府的土地出让金总额	国土资源统计年鉴
自变量	人均 GDP 增长率（%）	GDP	辖区本年度人均 GDP 减去上一年度人均 GDP 的差值占上一年度人均 GDP 的比重	中国城市统计年鉴
	三年年平均人均 GDP 增长率（%）	aveGDP3	辖区近三年年人均 GDP 增长率平均值	中国城市统计年鉴
	五年年平均人均 GDP 增长率（%）	aveGDP5	辖区近五年年人均 GDP 增长率平均值	中国城市统计年鉴
控制变量	人口规模*（万人）	Population	辖区年末人口总数	中国城市统计年鉴
	城镇化率（%）	Urban	辖区城镇人口占总人口的比重	中国人口和就业统计年鉴
	财政自给能力（%）	Self	辖区预算收入占预算支出的比重	中国城市统计年鉴
	产业结构（%）	Structure	第二产业和第三产业占 GDP 的比重	中国城市统计年鉴
	区位因素	East \ West	以中部为参照组设置东、西两个地区虚拟变量	作者设置
	政策因素	Year2004 - Year2015	以 2003 年为参照组设置 2004 ~ 2015 年共 12 个时间虚拟变量	作者设置

注：*表示该变量取自然对数。

第四节 数 据 分 析

一、描述性分析

表 8 -3 显示了地方政府土地财政、经济发展以及人口和经济发展等变量的均值、标准差和最大最小值。从分析结果可以看出，变量的均值和标准差所反映的数据分布情况较好地符合正态分布特点，为下一步数据分

析提供了良好的条件。从表8-3可以看出，地方政府的经济发展水平之间存在较大变异和解释空间，这说明中国地市级政府的经济发展水平存在较大的差异。

同时，从表8-3还可以看出，地市级政府GDP年增速的平均值为13.78%，高于全国8%的GDP增速，说明在地市一级政府经济发展的增速较快。但值得关注的是，从地市级政府GDP年增速核密度（见图8-1）可以看出，地方政府GDP增速年度曲线有明显的向左偏移的趋势，这说明近年来市级政府GDP的增速明显放缓，这也符合中国经济发展的新趋势。

表8-3 变量的描述性统计分析

变量缩写	观测点	均值	标准差	最小值	最大值
Lfinance	3523	12.174	1.676	4.716	20.124
GDP	3523	13.783	9.436	-54.679	91.515
aveGDP3	2981	14.146	6.767	-16.857	53.460
aveGDP5	2438	14.658	5.320	-8.838	49.027
Population	3523	5.828	0.669	2.795	7.126
Urban	3523	45.562	12.855	6.284	68.71
Self	3523	49.653	23.249	3.756	154.126
Structure	3523	85.008	9.301	6.961	99.97

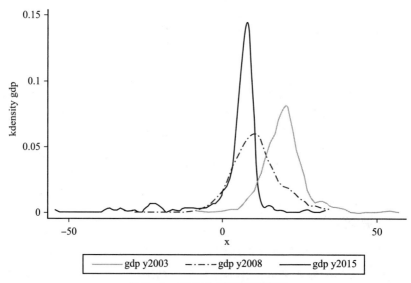

图8-1 GDP年增长率核密度

二、基准回归模型分析

表8-4报告了地方政府土地财政对地区经济发展影响的回归模型。模型1是加入所有控制变量后，土地财政对于人均GDP增长率的影响回归模型。通过分析结果可以看出，土地财政与人均GDP增长率之间的回归系数为0.178，但两者之间的正相关关系并不显著（P>0.10）。这说明土地财政并不能提升所在地区第二年的人均GDP的增长率。这可能是因为土地财政的经济效应是需要较长过渡期限的，一年并不足以显现出土地财政对经济发展的影响效应。

模型2是加入所有控制变量后，土地财政对于人均GDP增长率滞后一期的影响回归模型，即土地财政对于所在地区第三年人均GDP增长率的影响。从分析结果可以看出，土地财政与人均GDP增长率滞后一期之间的回归系数为0.189，但两者之间的正相关关系依然不显著（P>0.10）。虽然回归系数有所增加，但是土地财政依然对第三年人均GDP增长率没有影响。

模型3是加入所有控制变量后，土地财政对于人均GDP增长率滞后二期的影响回归模型，即土地财政对于所在地区第四年人均GDP增长率的影响。从分析结果可以看出，土地财政与人均GDP增长率滞后二期之间的回归系数为0.370，两者之间的正相关关系开始变得显著（P<0.10）。这说明土地财政与人均GDP增长率滞后二期之间的正向关系成立，土地财政的增加能够显著提升所在地区第四年的人均GDP增长率。

表8-4　　　　　　土地财政对经济发展影响的回归结果

变量	模型1（RE）	模型2（FE）	模型3（FE）	模型4（FE）	模型5（FE）	模型6（RE）
Lfinance	0.178 (1.21)	0.189 (0.89)	0.370* (1.66)	0.619*** (2.60)	-0.115 (-0.80)	-0.088 (-0.88)
Population	-0.519* (-1.88)	-22.142*** (-6.78)	-18.365*** (-5.18)	-18.518*** (-4.78)	-1.867 (-0.80)	-0.285 (-1.11)
Urban	-0.081*** (-6.11)	0.004 (0.06)	0.125 (1.14)	-0.128 (-1.02)	0.084* (1.81)	-0.022 (-1.32)
Self	-0.022** (-2.37)	0.017 (1.07)	0.066*** (3.95)	0.053*** (2.98)	-0.031*** (-2.87)	-0.032*** (-4.68)

变量	模型 1 (RE)	模型 2 (FE)	模型 3 (FE)	模型 4 (FE)	模型 5 (FE)	模型 6 (RE)
Structure	0.030 (1.30)	0.476 *** (8.86)	0.566 *** (9.20)	0.594 *** (8.28)	0.117 *** (3.11)	0.071 *** (3.60)
区位因素	Control	Control	Control	Control	Control	Control
政策因素	Control	Control	Control	Control	Control	Control
N	3523	3252	2981	2710	2981	2438
F		121.68 ***	94.27 ***	62.66 ***	202.11 ***	
Wald chi2	2209.37 ***					2817.00 ***
Adi − R^2	0.4022	0.4088	0.4275	0.3792	0.5546	0.5668
Hausman test	11.56	119.14 ***	291.74 ***	106.06 ***	26.48 **	− 325.94

注：*** 、** 、* 分别表示在 1%、5% 和 10% 水平下的显著。因篇幅原因，本书没有报告区位因素和政策因素的回归结果，仅以 Control 表示模型中区位因素和政策因素已控制。

模型 4 是加入所有控制变量后，土地财政对于人均 GDP 增长率滞后三期的影响回归模型，即土地财政对于所在地区第五年人均 GDP 增长率的影响。从分析结果可以看出，土地财政与人均 GDP 增长率滞后三期之间的回归系数为 0.619，两者之间的正相关关系非常显著（P < 0.01）。这说明土地财政与人均 GDP 增长率滞后三期之间的正向关系最为显著，这说明土地财政的增加对所在地区第五年人均 GDP 增长率的影响是最强的。

上述结果表明地方政府土地财政越严重，其在获取财政资源上越具有优势，越能为地方经济发展提供充足财政资源，保障和促进地方经济发展的顺利进行。但是需要注意的是，土地财政对于地区经济发展并不是马上见效的，其不能在短期内快速提升所在地区的经济发展。土地财政对于地区经济发展的促进作用具有延迟效用，其是在第四年才开始促进地区经济发展的，在第五年对经济发展的促进作用最明显。因此，本书研究的假设部分成立。

模型 5 是加入了所有的控制变量后，土地财政对于三年平均人均 GDP 增长率的影响回归模型。通过模型分析的结果可以看出，土地财政与三年平均人均 GDP 增长率之间不存在显著的影响关系（P > 0.10）。这说明土地财政规模的扩大不能有效地促进该地区近三年平均的 GDP 增长率。

模型 6 是加入了所有的控制变量后，土地财政对于五年平均人均 GDP 增长率的影响回归模型。通过模型分析的结果可以看出，土地财政与五年平均人均 GDP 增长率之间不存在显著的影响关系（P > 0.10）。这说明土地财政规模的扩大不能有效地促进该地区近五年平均的 GDP 增长率。上述发现进一步说明，土地财政对经济发展的促进作用具有短时效应，只能短暂地提升 2 年 GDP 的增长，并不能持续提升地区整体的 GDP 的增长率，因此，土地财政对地区整体经济发展缺乏长效的改进。

三、分地区子样本的回归模型分析

我们采用分组回归分析法，分别检验在东部、西部和中部的子研究样本中，地方政府土地财政对地区经济发展水平的影响是否具有显著差异。

表 8 - 5 报告了分组回归分析的结果。首先，模型 1 和模型 2 分别讨论了在东部地区地方政府土地财政对于人均 GDP 增长率和三年平均人均 GDP 增长率的影响。回归的分析结果表明，在东部地区地方政府的土地财政与人均 GDP 增长率之间具有显著的正相关关系（P < 0.05），且相关系数为 0.652。与三年平均人均 GDP 增长率之间也具有显著的正相关关系（P < 0.01），且相关系数为 0.700，相关系数略高于与人均 GDP 增长率的相关系数，显著性水平也略有增强。这说明在中国东部地区，地方政府的土地财政显著地促进了地区经济发展。

其次，模型 3 - 4 讨论了在西部地区地方政府土地财政对于人均 GDP 增长率和三年平均人均 GDP 增长率的影响。回归的分析结果表明，在西部地区地方政府的土地财政与人均 GDP 增长率之间具有显著的负相关关系，且相关系数为 - 0.645（P < 0.05），且土地财政与三年平均人均 GDP 增长率之间也具有显著的负相关关系，且相关系数为 - 0.523（P < 0.05）。这说明在中国的西部地区，地方政府的土地财政不仅不能有效地提升地区经济发展水平，反而会降低地区经济发展。

最后，模型 5 - 6 讨论了在中部地区地方政府土地财政对于人均 GDP 增长率和三年平均人均 GDP 增长率的影响。回归的分析结果表明，在中部地区地方政府的土地财政与人均 GDP 增长率之间具有显著的正相关关系（P < 0.05），且相关系数为 0.787。土地财政与三年平均人均 GDP 增长率之间也具有显著的正相关关系（P < 0.01），且相关系数为 0.693。这说明在中国中部地区，地方政府的土地财政依然有效地促进了中部地区经济发展。

表 8 - 5　　　　分地区土地财政对经济发展影响的子样本回归模型

变量	Model 1 东部 （FE）	Model2 东部 （RE）	Model3 西部 （RE）	Model4 西部 （RE）	Model5 中部 （RE）	Model6 中部 （RE）
Lfinance	0. 652 ** （2. 21）	0. 700 *** （3. 74）	- 0. 645 ** （ - 2. 33）	- 0. 523 ** （ - 2. 52）	0. 787 ** （2. 41）	0. 693 *** （2. 83）
Population	30. 851 *** （5. 63）	- 0. 655 * （ - 1. 71）	1. 387 *** （2. 67）	1. 404 *** （2. 97）	- 0. 443 （ - 0. 86）	- 0. 875 ** （ - 2. 09）
Urban	- 0. 113 *** （ - 4. 21）	0. 041 （1. 41）	0. 185 *** （4. 21）	0. 181 *** （4. 04）	0. 042 （0. 67）	0. 052 （1. 04）
Self	- 0. 032 （ - 1. 32）	- 0. 042 *** （ - 3. 22）	- 0. 020 （ - 1. 33）	- 0. 022 （ - 1. 48）	- 0. - 24 （ - 1. 16）	- 0. 016 （ - 1. 08）
Structure	- 0. 130 * （ - 1. 88）	- 0. 026 （ - 0. 82）	0. 117 *** （2. 75）	0. 117 *** （3. 03）	0. 047 （1. 04）	0. 020 （0. 58）
区位因素	Control	Control	Control	Control	Control	Control
政策因素	Control	Control	Control	Control	Control	Control
N	1534	1298	1079	913	910	770
F	74. 27 ***					
Wald chi2		1604. 85 ***	616. 73 ***	876. 26 ***	572. 34 ***	655. 94 ***
Adi - R^2	0. 5095	0. 5771	0. 3788	0. 5121	0. 3985	0. 4826
Hausman test	36. 92 ***	- 114. 03	3. 64	- 148. 28	9. 34	- 56. 54

注：***、**、* 分别表示在 1%、5% 和 10% 水平下的显著。因篇幅原因，本书没有报告区位因素和政策因素的回归结果，仅以 Control 表示模型中区位因素和政策因素已控制。

四、稳健性分析

在本章研究中，地方政府经济发展的数据采用的是滞后一期的数据，因此，土地财政和经济发展之间并不存在内生性的问题，因此，本书的稳健性分析仅基于土地财政的不同测量方式。与前述章节相同，采用土地出让面积作为土地财政测量指标的替换，进行了模型的稳健性分析。

从表 8-6 可以看出，模型 1 是土地出让面积对于人均 GDP 年增长率的影响回归模型，回归结果表明，土地出让面积与人均 GDP 增长率之间没有显著的影响关系（P > 0. 10）。模型 2 是土地出让面积对于人均 GDP 增长率滞后一期的影响回归模型，回归结果表明，土地出让面积与人均 GDP 增长率滞后一期之间具有显著的正向影响（P < 0. 05）。模型 3 是土

地出让面积对于人均 GDP 增长率滞后三期的影响回归模型，回归结果表明，土地出让面积与人均 GDP 增长率滞后三期之间也具有显著的正向影响（P<0.01）。上述结果表明，土地出让面积对于经济发展依然具有延后的促进作用，因此，本书的发现具有稳健性。

模型 4 是土地出让面积对于三年年平均人均 GDP 增长率的影响回归模型，回归结果表明，土地出让面积与三年年平均人均 GDP 增长率之间不存在显著的影响关系（P>0.10）。模型 5 是土地出让面积对于五年年平均人均 GDP 增长率的影响回归模型，回归结果表明，土地出让面积与五年年平均人均 GDP 增长率之间也不存在显著的影响关系（P>0.10）。这一结论进一步说明土地出让面积与地区整体经济发展之间没有影响关系，本书结论具有稳健性。

表 8-6　　　　　　　基于土地财政不同测量方式的稳健性分析

变量	模型 1（RE）	模型 2（RE）	模型 3（FE）	模型 4（FE）	模型 5（RE）
Lfinance	0.205 (1.16)	0.387 ** (2.05)	0.858 *** (2.91)	-0.268 (-1.55)	-0.092 (-0.75)
Population	-0.410 (-1.61)	-0.940 *** (-3.51)	-18.322 *** (-4.73)	-1.981 (-0.85)	-0.318 (-1.28)
Urban	-0.052 *** (-3.11)	-0.063 *** (-3.61)	-0.142 (-1.14)	0.081 * (1.76)	-0.022 (-1.32)
Self	-0.028 *** (-2.95)	-0.031 (-3.09)	0.051 *** (2.87)	-0.031 *** (-2.86)	-0.032 *** (-4.77)
Structure	0.045 * (1.91)	0.107 *** (4.32)	0.598 *** (8.35)	0.118 *** (3.16)	0.070 *** (3.57)
区位因素	Control	Control	Control	Control	Control
政策因素	Control	Control	Control	Control	Control
N	3522	3251	2709	2981	2438
F			67.21 ***	202.36 ***	
Wald chi2	2219.07 ***	1920.23 ***			2820.30 ***
Adi-R^2	0.4037	0.3892	0.3793	0.5549	0.5667
Hausman test	23.60	-511.71	105.51 ***	24.84 *	54.43

注：***、**、* 分别表示在 1%、5% 和 10% 水平下的显著。因篇幅原因，本书没有报告区位因素和政策因素的回归结果，仅以 Control 表示模型中区位因素和政策因素已控制。

第五节　结果分析与讨论

一、经济发展进入新常态

中国已经进入经济新常态时期，GDP 增长率已经开始放缓，从之前的 GDP 高速增长转换为中高速增长。本书对于地市级政府 GDP 年增速核密度图也得出了相同的发现，核密度图发现，地市级政府 GDP 增速年度曲线有明显的向左偏移的趋势，这说明近年来市级政府 GDP 的增速明显放缓，这也符合中国经济发展的新趋势。同时，本书的描述性统计结果还发现，地市级政府 GDP 年增速的平均值为 13.78%，高于全国 8% 的 GDP 增速。这也印证了学者之前的研究，在中国五个层级的政府序列中，GDP 增长速度是逐级被放大的。

二、土地财政对经济发展的影响

已有研究表明，地方政府的土地财政行为能够有效提升地方政府的收入，扩大地方政府的投资力度，从而促进地区的经济增长。本书通过实证研究发现，地方政府的土地财政能够显著地提升地区经济发展，因此假设 1 得到支持。这说明地方政府的土地财政为地方政府基础建设提供了充足的资金，同时也吸引了大量的企业投资，有助于地区经济发展的提升。这一结论与杜雪君、丁成日和利希滕贝格等学者的研究发现相吻合。

但是需要说明的是，本书发现，虽然土地财政能够促进地区经济发展，但是其影响效用并不是立竿见影的，其是具有较长时间的延迟效应的。本书的实证分析发现，土地财政对于所在地区一到三年内的经济发展是没有促进作用的，只有到了第四年才开始显现对经济发展的促进作用，到第五年这一正向影响关系最强。这进一步说明在土地出让的初期，通过土地进行招商引资吸引企业入驻，但是企业的建设是需要周期的，并不能在短期内快速推进地区经济发展，只能在后续的建设中逐步凸显其对经济发展的促进作用。

同时本书还发现，虽然地方政府的土地财政在第四年和第五年能显著提升地方政府年度 GDP 的增长率，但是其整体的带动效应并不明显。本书的实证发现，土地财政与地区三年平均 GDP 增长率和五年 GDP 增长率均没有显著影响关系。这说明土地财政对经济发展的影响只是短时的局部影响，并不能从整体上持续促进区域经济发展。这一研究结论与邹薇和刘红艺[296]、东方[297]等学者的研究结果相吻合，地方政府土地财政长期不利于地区经济发展。这可能是因为土地财政带动投资热潮，地方政府上马很多短平快的项目，但长期看这些项目的实施效果并不理想，从而没有持续地促进经济长期发展。

三、土地财政对不同区域经济发展的影响具有差异

本书发现，地方政府所处的地域特征会调解土地财政对地区经济发展的影响关系。研究发现，在中国东中部地区土地财政对地区经济发展的正向影响关系成立，但在西部地区土地财政反而对于地区经济发展具有负向影响作用。这一研究结论进一步说明，中国东中部地区因具有较好基础条件和发展环境，因此，在土地出让的时候更容易吸引外来投资的青睐，从而更有力地促进了地区经济的发展。

本书更进一步提示我们在西部地区应该慎重对待土地财政，因为土地财政会显著地降低西部地区短期和长期的经济发展。这可能是因为在西部地区产业结构对于经济发展水平的正向影响关系显著，而土地财政不利于产业结构调整，阻碍了第二、第三产业的均衡发展，从而阻碍了经济发展。

第六节　本章小结

地方政府土地财政被认为促进了地区经济发展，在此背景下学者们开始关注地方政府土地财政对区域经济发展的影响。但现有研究多聚焦于省级政府层面，较少有研究关注于地市级层面。且现有研究多关注土地财政对地区经济发展的短期影响，较少有研究探讨土地财政对于地区经济发展的长期影响关系。本章在已有研究的基础上，从短期效应和长期效应两个层面入手，分析了土地财政对地区经济发展的影响，构建了理论模型并提出一个研究假设，并运用地市级面板数据验证了研究假设。

本章主要的实证研究发现为以下三个方面。

首先，实证研究结果发现，地方政府土地财政与地区经济发展之间存在显著的正相关关系，但是这一影响关系并不是立竿见影的，其是具有较长时间的延迟效应。土地财政对于所在地区前三年经济发展是没有显著促进作用，只有到了第四年才开始显现对经济发展的促进作用。这说明地方政府通过出让土地获得的财政收入虽然用于了地方经济建设，但建设是需

要周期的，并不能立竿见影地带动经济发展。

其次，实证研究结果发现，土地财政与地区三年平均 GDP 增长率和五年 GDP 增长率均没有显著影响关系。这说明土地财政对经济发展的影响只是短暂局部影响，并不能从整体上持续促进区域经济发展。本章的研究深入探讨了土地财政对于地区经济发展的短期和长期的影响关系，从而系统地勾勒出了土地财政与地区经济发展影响关系的全貌，深化了现有土地财政与经济发展的理论研究。

最后，本章研究还发现，土地财政对经济发展的影响关系会受到地域环境的影响。在我国东中部地区地方政府的土地财政不仅显著地促进了地区短期经济发展，而且也促进了地区长期经济发展，这说明在东中部地区土地财政在一定程度上维持和推动了经济发展。但在西部地区地方政府的土地财政不仅不能有效地提升地区经济发展水平，反而会降低地区经济发展。这一发现提示我们需要正视西部土地财政与经济发展之间的关系，审慎对待土地财政。

本章研究的政策启示在于：首先，应正视土地财政对地方政府财力资源的有效补充作用，以及对地区经济发展的短期促进作用。对于地方政府的土地财政不能一棒子打死，应该认可其对于地区经济发展的维持作用。其次，逐步推进个人住房房产税改革，努力培育新的经济增长点和新的稳定财源，以稳定的税收收入来替代土地出让金，从而缓解地方政府对土地出让金的依赖。

第九章　土地财政与地区公共
服务的实证研究

第一节　研究目标

在过去三十多年中，随着新公共管理（new public management，NPM）运动在西方发达国家的风靡，以顾客为导向的新公共服务理念成为公共管理的核心，学术研究者对公共部门服务的供给给予高度的青睐[298]。在新公共管理浪潮的冲击下，服务型政府成为中国政府管理改革的核心。党的十七大报告提出要建设服务型政府，改进地方政府的公共服务绩效成为改革的根本。但是分税制改革后，地方政府普遍面临财力匮乏的局面，严重影响公共服务绩效的改进与提升[299]。如何解决地方政府财政资金匮乏的问题，成为制约地方政府提供公共服务、有效提升政府公共服务绩效的根本原因之一，成为学术界和实践界关注的热点问题。

在地方政府一系列化解财政危机的措施中，土地财政俨然成为地方政府破解财政困境的主要手段。已有研究发现，地方政府土地的出让能够为地方政府带来巨额的财政收入，从而有效地缓解地方政府的财政困境。然而，地方政府的土地财政的实施能否有效地提升地方政府公共服务绩效呢？邓峰的研究发现，政府可以通过地租、税收、收费等各种形式获取大量的土地收益，有效地缓解了地方政府的财政困难的局面，在促进了地方政府财政收入增加的同时，致使政府将发展重点从企业转移到公共物品提供上，从而提高公共服务供给水平[60]。周飞舟基于中国某区政府的案例研究却发现，政府大多将土地出让收入用于经济发展和人员经费，并没有显著提升公共服务支出[111]。

虽然有关中国地方政府土地财政问题的研究越来越多，但是探讨土地财政与政府公共服务的研究还不多见，尤其是从政府公共服务绩效的视角进行分析的研究还没有发现。鉴于此，本书在借鉴国内外对于政府公共服务绩效概念界定的基础上，探讨地方政府的土地财政对于政府公共服务绩效的影响。本书将对进一步理解地方政府的土地财政行为，以及推动地方政府公共服务绩效影响因素的研究作出贡献，并为该领域的研究提供新的实证证据。

为此，首先，本章将基于前述对于政府公共服务绩效概念界定和构成分析的基础上，从政府公共服务绩效方面探讨土地财政的实施效果，并提出了相应的研究假设；其次，介绍研究样本和数据来源，选择中国地市级政府作为研究对象，并对核心变量测量和分析方法进行总结；再次，采用实证研究方法，根据收集的 2003 ~ 2016 年中国地市级政府的面板数据，验证了土地财政对于政府公共服务绩效的影响；最后，报告实证分析结果并对其进行讨论，对本书的理论价值和实践启示进行探讨，为进一步从政府公共服务绩效改进角度理解地方政府土地财政行为提供理论参考。

第二节　研究假设

一、公共服务绩效

绩效（performance）是一个普遍的概念，通俗地讲，即某特定对象在一段时间内的行为表现。绩效是一个多维的概念，具体表现为在不同情境下，人们对"绩效"一词往往有着不同的认知。传统的政府绩效关注于绩效的经济性，国内外学者的研究也多用经济绩效（ecomomic performance）来表述政府绩效[299]。然而，随着新公共管理运动的兴起，学者们不断认识到传统的经济绩效测量不仅太迟和太聚焦，而且也不能很好地反映顾客对于服务质量和服务速度等方面需求[300]。在此背景下，公共管理学者开始将政府绩效的研究重点转移到利益相关者的诉求方面，关注地方政府非经济绩效，并提出公共服务绩效（public service performance）的概念。

公共服务绩效的概念最初是由英国审计委员会（Commission A，1988）提出的，其认为公共服务绩效就是公共部门管理的结果[301,302]。博恩（Boyne）将公共服务绩效界定为公共服务的实际感知与期望标准之间的差距，其包含公共服务的质量、效果和顾客满意度等多个方面[303]。安德鲁斯（Andrews）等学者认为，公共服务绩效是公共部门所提供的公共服务效率和效果的总体反映[304]。田华认为，公共服务绩效是对政府公共服务的效率、能力、质量、公共责任和社会公众满意度等方面评估的结果[305]。丁元竹认为，公共服务绩效是人们对于享受基本公共服务水平的主观感受与满意程度，它包括客观水平和主观感受两部分[306]。

然而，公共服务部门通常提供了多种类型的服务，因而其公共服务绩效是复杂的并且是多维度的，其包含了许多的贡献从而难以界定[307]。雷尼（Rainey）认为，公共服务绩效涉及多个利益相关者，每一个利益相关者采用不同的标准去识别公共服务，从而较难采用相同的标准去度量不同的服务。因此，学者们又提出核心服务绩效（core service performance）的概念，其认为核心服务绩效是一组能够反映组织绩效和核心职能的综合指标体系，其通常包含教育、社会服务、环境、住宅、休闲、社区安全等多个服务领域[308-311]。因此，根据上述的分析，本书将地方政府的公共服务绩效界定为政府提供包含教育、社会服务、环境保护等一系列基本公共服务的结果表现。

二、土地财政对公共服务绩效的消极影响

软预算约束理论认为，地方政府大量的软预算约束将会导致地方政府过度建设的偏好。这是因为地方政府的行为呈现出强烈的利己特征，地方政府官员往往会利用政府权力追求其政治目标[138,139]。地方政府在面临软预算约束时，往往能够获得大量的预算外收入，地方政府在预算外收入上常常拥有更大的自主权[31]。当地方政府拥有了自主安排财政收入的权力时，地方政府倾向于将这些大量的预算外收入投入基础设施建设等资源密集型工程，从而导致地方政府过度关注建设投资的冲动。现有研究也发现，当地方政府过度关注基础设施建设等方面的支出时，将会压缩和减少科教文卫方面的公共支出，从而导致公共服务水平的降低[35,312]。因此，地方政府在软预算约束的情形下，更多的是发展经济和基础建设，而非关注公共服务的提升[34]。

土地财政是地方政府软预算约束问题的最典型表现，地方政府能够通过出让土地获取大笔预算外财政资源，此时地方政府更倾向于将土地财政收入投入基础设施建设，而非公共服务支出。周飞舟基于西部某市下辖某区的案例研究发现，地方政府在土地出让过程中，主要关注点是增加地方财政收入，而这些增加的财政收入主要用于基础建设投入和改善政府部门的运转条件，并没有投入地方的公共服务。甚至于教育事业费、卫生经费、社会保障补助支出等公共服务支出占总支出的比重都明显下降[111]。田传浩[313]、颜燕[314]等学者的实证研究也发现，地方财政收入的增加显

著促进了城市道路等地方经济性公共物品供给增长率的提高，而对诸如教育、医疗、卫生等非经济性公共物品供给的增长速度影响不显著，甚至显著降低了其中部分公共物品的增速。

三、土地财政对公共服务绩效的积极影响

有学者认为，财政资源是影响公共服务提升的最重要的影响因素之一，较高水平的公共支出是改进公共服务的充分条件，这是因为只有在公共支出领域投入较多的资金，才能够保证公共服务的数量和高质量[315]。财政资源限制被认为是提升公共服务绩效最重要的障碍，或者使公共服务绩效很难被改进[316]。地方政府的财政收入非常窘迫，常常面临入不敷出的局面。在此背景下，地方政府只能通过压缩政府支出以缩小收入和支出间的差距，而此时地方政府往往选择删除公共服务或是降低公共服务供给水平的策略，从而导致公共服务绩效的低下。

自中国的土地管理法颁布以来，土地的价值不断显现，政府可以通过地租、税收、收费、土地出让等各种形式获取大量的土地收益，其有效地缓解了地方政府的财政困难的局面，并且促进了地方政府财政收入的增加。同时，地方政府财政收入的提高，使得地方政府财政收入和支出之间的缺口不断缩小，使得地方政府有能力在公共支出领域投入更多的资金，从而有效地促进了地方政府公共服务绩效的提高。

除此之外，地方政府的土地出让不仅有效地促进了财政收入的增长，还促进了地区的经济发展，最直接的证据是显著提升了地区 GDP 的增长。这在一定程度上释放了地方政府发展经济的考核压力，使得地方政府将地区发展重点从企业转移到公共物品提供上，使其有更多的精力去关注公共服务的供给，从而有效地提高地区公共服务供给水平[60]。卢洪友[136]、李菁[317]等学者基于中国市级政府面板数据的实证研究发现，地方政府的土地出让行为能够有效地提升市级政府的教育服务水平。

四、土地财政与公共服务绩效之间的非线性影响关系

通过上述的分析可以发现，土地财政与地方政府公共服务绩效之间的关系不是单一的负相关或正相关关系，两者之间可能呈现更为复杂的非线性影响关系。由上述的分析我们可以推论，当地方政府土地财政的规模不断增大时，地方政府通过出让土地获取了大量预算外收入，从而放松了地方政府的财政预算约束，致使软预算约束问题产生，从而引发地方政府强烈的投资意愿，其更愿意将土地出让金收入用于基础设施建设等经济发

展领域，从而影响和抑制了公共物品的供给，并可能进一步导致了公共服务绩效的降低。

然而，地方政府在公共物品的供给上具有相当严格的财政资金约束，只有宽松的财政状况才有利于逐步改善公共物品的供给水平[318]。这是因为地方政府必须承担大量的公共支出责任，大量预算外收入的存在也能帮助地方政府承担其公共物品供给责任[319]。当地方政府土地财政的规模继续不断加大时，地方政府通过出让土地资源说获得的预算外收入数额越来越庞大，其为地方政府营造了宽松的财政资源环境，使其财政资源不仅能保证地方政府经济建设的需求，甚至还能满足公共服务供给的需求。此时，地方政府可能会开始加大土地出让收入在公共服务供给领域的支出力度，从而促进了公共服务绩效的提升。基于此，我们提出本研究的假设：

H1：地方政府土地财政与公共服务绩效之间呈现"U"型的影响关系，即随着地方政府土地财政的规模不断增大，政府公共服务绩效将不断降低。但当土地财政的规模增大到一定程度后，随着地方政府土地财政规模的继续增大，地方政府公共服务绩效反而会不断提高。

第三节　研究设计

一、研究样本与数据来源

本研究的数据是由样本其内所选择的地市级政府的土地财政数据和政府公共服务绩效相关数据构成。与第八章的研究相同，本研究剔除了江西省和西藏的样本。本研究的最终样本由中国271个地市级政府构成。样本涵盖了2003～2016年共十四年的数据，最终的观测点为3794个。

值得注意的是，土地出让金的使用具有一定的延迟性，地方政府需要时间去消化。陶然等的研究发现，土地出让对于地方政府财政的影响不是当期即现的，是需要一定的过渡期限的[155]。而且考虑到模型的内生性，本研究选取的政府公共服务绩效相关数据均选择滞后一期的数据，即土地出让金数据为2003～2016年的数据，政府公共服务绩效的相关数据为2004～2017年的数据。

本研究数据均来自公开发行的统计年鉴，自变量土地出让金数据来源于2004～2017年的《中国国土资源年鉴》；因变量人均GDP、师生比、每万人病床位数、每万人医生数、烟尘排放量、人均道路面积、人均绿地面积、每百人剧场数量等数据均来源于 2005～2018 年的《中国城市统计年鉴》；控制变量人口规模、财政收入、财政支出、第二产业比重、第三产业比重等数据来源于 2004～2017 年的《中国城市统计年鉴》。控制变量城镇化率来源于 2004～2017 年的《中国人口和就业统计年鉴》。

二、变量测量

（一）土地财政
本章依然采用土地出让金数量的多少来测量地方政府土地财政。

（二）公共服务绩效
传统组织绩效测量往往是针对单一产出采用分开的、独立的绩效测量指标，然而单一的绩效维度测量并不能有效地反映公共服务组织绩效，因此，需要构建一套系统的、多维的绩效测量指标体系[320]。现有国外的研究多从政府部门公共服务核心服务绩效的概念出发测量公共服务绩效，而且较多采用客观数据测量[321]。然而，各个研究学者对于公共服务核心绩效的外延并没有一致的认知，不同的学者测量的重点有所不同。

英国的审计委员会提出的综合绩效评估报告中则是从六个维度测量公共服务核心绩效的，即教育、社会服务、环境和住宅、图书馆和休闲、保险救济六大服务领域，且每一个服务领域的测量都涵盖了组织绩效的六个维度（产出质量、产出数量、效率、结果、成本价值以及对于个人服务的顾客满意度）[322]。而这一分类方式也被大多研究所采用[323-325]。除此之外，阿特金森是健康、教育、执法和社区安全（火灾）四个方面测量公共服务绩效[310]；马丁和史密斯则是以健康保健部门为例给出了公共服务绩效的测量维度，其应该包括健康服务的质量、健康服务部门病患的数量以及医院的效率[253]。安德鲁斯等学者从中等教育、福利救济、住房、公路、公共防护、税收六个方面测量公共服务绩效的[320]。詹姆斯（James）则是从教育、住房、社会保障三个方面测量公共服务绩效[326]。

但是有学者认为，仅采用定量指标所构成的公共服务核心绩效指标体系是不完整的，其不能体现利益相关者对于政府绩效的认识。安德鲁斯等学者认为，组织的公共服务绩效应从顾客满意度和核心服务绩效两方面进行度量，其中顾客满意度是组织健康的重要指标，其反映了组织"潜在的能力和绩效"。核心服务绩效则是一组能够反映组织绩效和核心职能的综合指标体系[309]。随后，博恩[324]、沃克[325]在安德鲁斯等人研究的基础上又进一步细化了利益相关主体，认为政府组织的利益相关者应包含上级政府和公众两个群体。所以，在其研究中公共服务绩效的测量包含中央政府对于地方政府部门绩效的感知，核心公共服务绩效的得分、公众对于政府绩效的感知三个部分。

除了国外的研究以外，国内对于公共服务绩效的测量也取得了不少成果。陈昌盛与蔡跃洲从基础教育、公共卫生、社会保障、基础设施、科学技术、公共安全、环境保护、一般公共服务八个公共服务领域测量了地方政府的公共服务绩效[327]；孙璐等从公共教育、公共卫生、社会保障、公共环境、公共就业和公共安全六个方面测量地方政府的公共服务绩效[328]；陈振明从公共信息、公共安全、公共教育、医疗卫生、环境保护、社会保障、基础设施、公共交通、文体休闲、科学技术十大公共服务领域测量地方政府的公共服务绩效[329]；戴钰从基础教育、公共卫生、基础设施、社会保障、个人情感、社会价值五个方面测量了地方政府的公共服务绩效[330]；陈秀丽与田发采用 DEA 模型从社会保障和就业、环境保护、医疗卫生、科技、道路和图书馆等六个方面测量了公共服务绩效[331]，表 9 - 1所示为国外有关政府公共服务绩效测量维度汇总。

表 9 - 1   国外有关政府公共服务绩效测量维度汇总

研究者	年代	绩效维度	测量方式
Atkinson	2005	公共服务核心绩效（健康、教育、执法和社区安全）	客观数据
Martin & Smith	2005	健康保健部门公共服务核心绩效（健康服务的质量、健康服务部门病患的数量、医院的效率）	客观数据
Andrews et al.	2005	顾客满意度、公共服务核心绩效（教育和社会服务、环境和住宅、图书馆和休闲）	问卷调查客观数据
Andrews	2007	公共服务核心绩效（教育、社会服务、环境和住宅、图书馆和休闲、保险救济）	客观数据
Andrew et al.	2008	公共服务核心绩效（中等教育、福利救济、住房、公路、公共防护、税收）	客观数据
Boyne et al.	2010	上级政府满意度、顾客满意度、公共服务核心绩效（教育、社会保障、环境、住房、图书馆和休闲）	问卷调查客观数据
Walker et al.	2011	上级政府满意度、顾客满意度、公共服务核心绩效（教育、社会保障、环境、住房、图书馆和休闲）	问卷调查客观数据
James	2011	公共服务核心绩效（教育、住房、社会保障）	问卷调查客观数据

在地方政府公共服务绩效具体测量方法方面，已有相关研究主要采用两种测量方式：采用客观数据测量方式，以及客观数据和问卷调查相结合的测量方式。然而，有学者认为，问卷调查所获得的主观数据虽然能够间接反映政府部门的公共服务绩效，但其基本前提条件在于调查对象需对政府公共服务了解以及主观的价值判断具有较高的正确性。而且只有当公共部门或非盈利组织的客观数据难以获得时，主观数据才会起到有效的测量作用[332]。

目前，在中国还没有针对地方政府的公众满意度作过大面积的调查研究，且想要通过自己调研在大面积范围内获得公众对于地方政府公共服务绩效的满意度数据更为困难。因此，本研究将选取客观数据进行政府公共服务绩效的测量。同时，本研究根据当前中国地方政府的管理职能的设置，在吸收和借鉴国内外研究成果的基础上，同时考虑地方政府绩效数据的可获取性，从公共教育、医疗卫生、社保就业、公共交通、环境保护、文化休闲六大服务领域选取指标测量公共服务绩效。

在公共教育服务领域，参考安德鲁斯[309]、戴钰[330]、张海峰[333]等的研究，采用师生比来衡量教育服务绩效，具体采用高等教育师生比、中学教育师生比、小学教育师生比三个指标来测量。

在医疗卫生服务领域，参考马丁和史密斯[320]、斯凯氏费尔德（Scutchfield）[334]、刘德吉[335]等的研究，采用每万人病床位数和每万人医生数两个指标来测量。

在社保就业服务领域，参考贝尔蒂尼和切罗尼（Bellettini & Ceroni）[336]、马克[337]、刘新与刘星[338]等的研究，采用社会保障支出占GDP的比重以及地区就业率两个指标来测量。

在公共交通服务领域，参考安德鲁斯[323]、罗丽英（2008）[339]的研究，采用城市人均拥有的道路面积进行测量。

在环境保护服务领域，参考埃斯蒂和波特（Esty & Porter）[340]、陈秀丽与田发[331]、杨碧莲[341]的研究，将环境保护服务绩效分为空气质量和绿化条件两部分进行测量，空气质量采用每单位GDP的二氧化硫排放量，以及每单位GDP的烟尘排放量测量。绿化条件采用人均绿地面积测量。

最后，在文化休闲服务领域，参考安德鲁斯[323]、陈秀丽与田发[331]采用每百人公共图书馆藏书（册）、每百人剧场数量进行测量。

因此，围绕上述维度和要点，笔者设计了地方政府公共服务绩效的原始测量指标，具体指标见表9-2。

表 9-2   地方政府公共服务绩效的原始测量指标

项数	测量指标	编码
1	高等教育师生比	P1
2	中学教育师生比	P2
3	小学教育师生比	P3
4	每万人病床位数	P4
5	每万人医生数	P5
6	社会保障支出占 GDP 的比重	P6
7	地区就业率	P7
8	城市人均拥有的道路面积	P8
9	每单位 GDP 的二氧化硫排放量 *	P9
10	每单位 GDP 的烟尘排放量 *	P10
11	人均绿地面积	P11
12	每百人公共图书馆藏书（册）	P12
13	每百人剧场数量	P13

注：* 为负向指标，本研究通过倒数法将其转化为正向指标。

需要说明的是，地方政府公共服务绩效的研究处于起步阶段，国内外研究学者对于地方政府公共服务绩效概念的内涵在认识上还不一致，对于公共服务绩效都有哪些绩效维度研究上也没有一致的说法，因此，本研究将采用探索性的因子对本研究的政府公共服务绩效进行分析，并凝练出中国地方政府公共服务绩效所包含的绩效维度。

经过探索性因子分析后中国地方政府的公共服务绩效被归结为 3 个子维度（见表 9-5），本书将这 3 个子维度依次命名为社会服务绩效、教育服务绩效和环境治理绩效。同时，本书将利用各子维度的因子加权求和的数值来测量该维度的公共服务绩效，即利用各子维度中每个因子指标的方差贡献率作为权数，采用加权求和的方法计算该维度公共服务绩效水平的综合得分。

（三）控制变量

为了控制其他因素对公共服务绩效的影响，我们设置了如下控制变量。

1. 人口结构和规模。人口规模可能会影响地方政府在公共服务领域的投入，因为人口规模越大，地方政府在公共服务领域的投入可能越多，因此，其公共服务绩效有可能越高；人口规模中城镇化人口数量的越多，意味着城市公共服务领域的需要越多，因此，地方政府有可能加大在公共服务领域的投入，其公共服务绩效有可能越高。为此我们控制了地区人口规模和城镇化人口的规模，前者采用辖区年末人口总数进行衡量，后者采用辖区城镇人口占总人口的比值来反映。

2. 经济发展水平。经济发展水平的高低可能影响政府的财政汲取能力，地方政府经济发展水平较高的地区有可能在促进经济发展的同时也会兼顾公共服务的投入，因此，其公共服务绩效有可能得到提高。为此我们控制了地区经济发展水平，采用地方政府的财政自给能力指标进行衡量，具体做法是辖区预算收入占预算支出的比重来反映。

3. 区域环境状况。区域经济环境状况的好坏有可能也会影响地方政府的绩效。区域经济环境状况越好，意味着地方政府未来发展经济的可能性越高，在此基础上有可能会促进公共服务绩效的提高。为此我们控制了区域环境状况的影响，区域环境状况主要是产业结构指标，采用第二产业和第三产业总产值占 GDP 的比例来反映。

4. 区位因素。为了控制可能因为地域区位所产的影响，本研究设置了反映地市地理位置的地区虚拟变量。本研究也将样本中的地市分为东部、中部和西部三个地区。我们以中部地区为参照组，分别设置了虚拟变量 East 和 West。具体设置是：以虚拟变量 East 为例，分析样本中东部地区的样本取值为 1，西部地区的取值为 0，具体形式为（1，0）。相应地，虚拟变量 west 的取值为（0，1）。需要说明的是，所有低于虚拟变过量取值都为 0 的情况，即编码为（0，0）的情况表示样本所处地区为中部地区。

5. 政策因素。为了控制不同年份政策对于政府土地财政的影响，本研究设置了年份虚拟变量。本研究的样本其为十三年，我们以 2003 年为参照组，分别设置了虚拟变量 Year2004、Year2005、Year2006、…、Year2016 一共十三个时间虚拟变量。具体设置是：以虚拟变量 Year2004 为例，分析样本中 2004 年的样本取值为 1，其余年份的样本取值为 0。其他虚拟变量的取值依次类推。需要说明的是，其中所有年份虚拟变量取值都为 0 的情况表示样本的分析年份为 2003 年。

表 9-3 为变量一览表。

表 9 – 3   变量一览表

变量属性	变量名称	变量代码	变量定义	数据来源
因变量	社会服务绩效	SSP	每万人病床数，每万人医生数、地区就业率、城市人均道路面积和每百人剧场数五项指标的因子方差贡献率作为权数，采用加权求和的方法计算得出	每个指标的数据来源于中国城市统计年鉴，变量最终数据作者采用探索性因子分析法通过加权求和计算获得
	教育服务绩效	ESP	中学教育师生比和小学教育师生比两项指标的因子方差贡献率作为权数，采用加权求和的方法计算得出	
	环境治理绩效	CSP	每单位 GDP 二氧化硫排放量和每单位 GDP 烟尘排放量两项指标的因子方差贡献率作权数，采用加权求和方法计算得出	
	公共服务整体绩效	PSP	社会服务绩效、教育服务绩效和环境治理绩效的整体因子方差贡献率作权数，采用加权求和方法计算得出	
自变量	土地财政*（万元）	Lfinance	地方政府的土地出让金总额	国土资源统计年鉴
	土地财政平方*	Lfinancesqu	地方政府的土地出让金总额的平方	国土资源统计年鉴
控制变量	人口规模*（万人）	Population	辖区年末人口总数	中国城市统计年鉴
	城镇人口比重（%）	Urban	辖区城镇人口占总人口的比重	中国人口和就业统计年鉴
	财政自给能力（%）	Self	辖区预算收入占预算支出的比重	中国城市统计年鉴
	产业结构（%）	Structure	第二产业和第三产业占 GDP 的比重	中国城市统计年鉴
	区位因素	East \ West	以中部为参照组设东、西两个地区虚拟变量	作者设置
	政策因素	Year2004 – Year2016	以 2003 年为参照组设置 2004 年、2005年、2006 年、2007 年、……、2016 年十三个时间虚拟变量	作者设置

注：* 表示该变量取自然对数。

第四节　数 据 分 析

一、探索性因子分析

本研究采用 SPSS 19.0 对地方政府公共服务绩效测量指标进行信度和效度分析，其中信度测量是以克朗巴哈（Cronbach α）系数来进行评估的。具体分析结果见表 9 - 4。从分析结果可以看出，公共服务绩效的三个子维度的克朗巴哈系数分别为 0.773、0.729 和 0.719，整体克朗巴哈系数为 0.779，说明测量指标符合信度要求。

对于效度分析，采用的是探索性因子分析（EFA）方法。首先对公共服务绩效的测量指标进行全局主成分分析（principal components analysis），将各分析结果以最大反差变异法进行正交转轴，抽取重要因素。其次辅以 Kaiser - Meyer - Olkin（简称 KMO）检测。一般来说，KMO 在 0.9 以上为非常适合，在 0.8 ~ 0.9 为很适合，在 0.7 ~ 0.8 之间为适合，在 0.6 ~ 0.7 为勉强适合，在 0.5 ~ 0.6 为很勉强，在 0.5 以下为不适合。从表的分析可以看出，公共服务绩效的 KMO 值大于 0.7，因此，公共服务绩效的测量指标适合本研究。

对各维度因子取舍采用依泰森与布莱克建议，取特征值大于 1，因子荷载值尽量大于 0.5，排除不合适的因子。同时，对结构效度的检验不但要验证某个指标是否显著于依附于所度量的结构变量（收敛效度），而且还要确保该指标没有度量其他的结构变量（区别效度）。最终，本研究采用以下三个标准进行因子筛选（见表 9 - 4）。（1）当测量指标的因子荷载值小于 0.50 时被剔除；（2）当测量指标在两个因子上同时具有较大的因子荷载值时被剔除；（3）对于只拥有单一测量指标的因子也将被剔除。

表 9 - 4　地方政府公共服务绩效因子分析次数及测量指标剔除情况

因子拒绝标准	因子分析次数及测量指标剔除情况			
	因子分析 1	因子分析 2	因子分析 3	因子分析 4
测量指标因子荷载值小于 0.50	P6、P12	无	无	无
在两个因子上同时具有较大的因子荷载值	无	P11	无	无
只拥有单一测量指标的因子	无	无	无	P1

通过探索性因子分析后，中国地方政府的公共服务绩效被归结为 3 个子维度（见表 9-5），本书将这 3 个子维度依次命名为社会服务绩效、教育服务绩效和环境治理绩效。同时，本书将利用各子维度的因子加权求和的数值来测量该维度的公共服务绩效，即利用各子维度中每个因子指标的方差贡献率作为权数，采用加权求和的方法计算该维度公共服务绩效水平的综合得分。

具体而言，社会服务绩效是由每万人病床位数、每万人医生数、地区就业率、城市人均拥有的道路面积和每百人剧场数量五个测量指标的因子加权求和的数值来反映，即这五个指标的方差贡献率作为权数，采用加权求和的方法计算社会服务绩效的综合得分；同样，教育服务绩效是由中学教育师生比和小学教育师生比两个测量指标的因子加权求和的数值来反映；环境治理绩效是由每单位 GDP 的二氧化硫排放量和每单位 GDP 的烟尘排放量两个测量指标的因子加权求和的数值来反映。最后，公共服务绩效的整体得分则是用社会服务绩效、教育服务绩效和环境治理绩效三维度的因子加权求和的数值来反映。

表 9-5　　　地方政府公共服务绩效因子分析及其信度验证分析表

变量	测量维度	测量指标	因子荷载值		
			因子 1	因子 2	因子 3
公共服务绩效（PSP）	社会服务绩效（SSP）	P4 每万人病床位数	0.822	0.327	0.037
		P5 每万人医生数	0.849	0.266	0.132
		P7 地区就业率	0.500	-0.036	0.031
		P8 城市人均拥有的道路面积	0.845	0.131	0.159
		P13 每百人剧场数量	0.544	-0.242	-0.075
	教育服务绩效（ESP）	P2 中学教育师生比	0.133	0.752	-0.004
		P3 小学教育师生比	0.013	0.822	-0.072
	环境治理绩效（CSP）	P9 每单位 GDP 的二氧化硫排放量	0.001	0.039	0.837
		P10 每单位 GDP 的烟尘排放量	0.136	-0.109	0.790
特征值			2.976	1.460	1.147
解释变异量（%）			33.067	16.221	12.744
累积解释变异量（%）			33.067	49.288	62.032
Cronbach α			0.773	0.729	0.719
				0.779	
KMO				0.753	

二、描述性统计分析

表 9 - 6 显示了地方政府土地财政、公共服务绩效以及人口和经济发展等变量的均值、标准差和最大最小值。从分析结果可以看出，变量的均值和标准差所反映的数据分布情况较好地符合正态分布的特点，为下一步数据分析提供了良好的条件。从表 9 - 6 还可以看出，地方政府的公共服务绩效以及其各维度之间存在较大变异和解释空间，这说明中国市级政府的公共服务绩效存在较大的差异，探讨引起其差异的原因是非常有必要的。

表 9 - 6   变量的描述性统计分析

变量缩写	观测点	均值	标准差	最小值	最大值
SSP	3794	- 0.001	1.000	- 1.224	6.918
ESP	3794	0.000	1.000	- 2.131	16.839
CSP	3794	0.001	0.999	- 1.770	28.310
PSP	3794	- 0.000	1.002	- 5.832	6.427
Lfinance*	3794	12.224	1.670	4.716	20.124
Lfinancesqu*	3794	152.214	40.614	22.237	404.979
Population*	3794	5.831	0.670	2.795	7.244
urban	3794	46.362	12.858	13.05	69.2
Self	3794	49.277	23.184	3.756	154.126
Structure	3794	85.222	9.134	48.06	99.97

图 9 - 1 显示了土地财政与公共服务绩效以及其三个子维度之间的散点关系图。从图 9 - 1a 大致可以看出，土地财政与公共服务绩效之间呈现非线性的影响关系，公共服务绩效随着土地出让金的增加而降低。但当土地出让金收入到了 10 左右，其与公共服务绩效的关系发生转变，公共服务绩效开始随着土地出让金收入的增加而增加。简言之，散点图分布基本显示土地财政与公共服务绩效之间呈现"U"型的影响关系，初步验证了本研究的假设。同时结合表 9 - 6 可以发现，中国地方政府土地出让金收入大多在 10 以上，由此可以推论，中国地方政府土地财政在公共服务绩效的改进方面功不可没。

图 9 - 1b 是土地财政与社会服务绩效散点图，从该图可以看出，土地财政与社会服务绩效之间依旧可能具有"U"型关系；图 9 - 1c 的散点图

显示了土地财政与教育服务绩效间的关系，从该图可以看出，土地财政与教育服务绩效之间的关系已变得不是很明显；图9-1d的散点图显示了土地财政与环境治理绩效间的关系，从该图可以看出，土地财政与环境治理绩效之间基本呈现水平的直线，这说明土地财政与环境治理绩效的"U"型影响关系可能很弱。因此，通过图9-1b~图9-1d可以看出，土地财政与公共服务绩效三个子维度的散点图存在显著差异，这进一步提示我们土地财政与公共服务绩效三个子维度之间的影响关系可能是不同的，在后续的回归分析时应给予充分的重视。

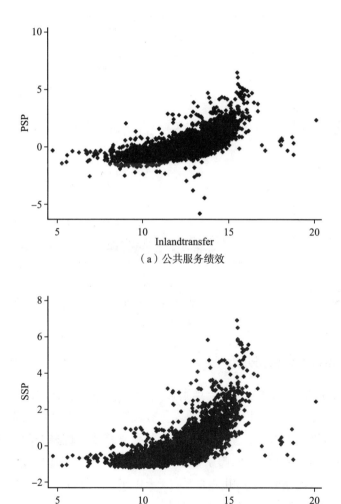

（a）公共服务绩效

（b）社会服务绩效

图9-1　土地财政与公共服务绩效及其子维度关系的散点图

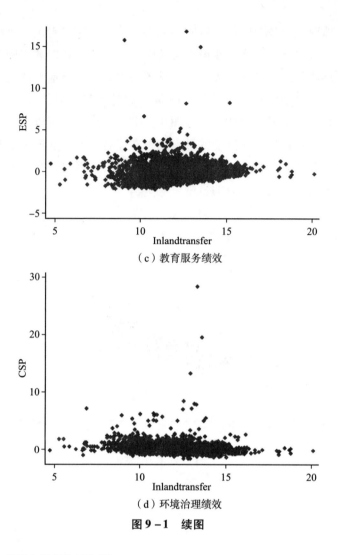

（c）教育服务绩效

（d）环境治理绩效

图 9 - 1　续图

三、基准回归模型分析

　　表 9 - 7 报告了地方政府土地财政对公共服务绩效影响的面板数据基础回归模型分析结果。模型 1 是加入所有控制变量后的回归模型，通过模型分析的结果可以看出，土地财政与公共服务绩效呈现显著的负相关关系（P < 0.01），两者之间的回归系数是 - 0.403。同时，土地财政的平方与公共服务绩效呈现显著的正相关关系（P < 0.01），两者之间的回归系数是 0.017。这一结果说明土地财政与公共服务绩效呈现"U"型的影响关系，即随着地方政府土地财政的规模不断增大，政府公共服务绩效将不断降低。但当土地财政的规模增大到一定程度后，随着地方政府土地财政规模的继续增大，地方政府公共服务绩效反而会不断提高。

模型 2 是对公共服务绩效进行滞后一期处理，回归模型发现，土地财政、土地财政平方与公共服务绩效之间相关性系数虽然略有降低，但是其影响方向并没有发生改变，而且其影响关系依然非常显著（P<0.01），这说明二者之间仍然呈现"U"型影响关系。

模型 3 是对公共服务绩效进行了滞后二期的处理，回归模型可以发现，土地财政、土地财政平方与公共服务绩效之间的相关性系数又略下降，但是其影响方向仍然没有发生改变，而且其影响关系依然非常显著（P<0.01），这说明二者之间还是呈现"U"型影响关系。因此，基于模型 1~模型 3 可以发现，土地财政与近期和远期公共服务绩效之间都存在显著的"U"型影响关系，因此本书的假设成立。

表 9-7　　　　　　　土地财政对公共服务绩效影响的回归结果

变量	Model 1 （FE）	Model 2 （FE）	Model 3 （FE）
Lfinance	-0.403 *** （-11.56）	-0.388 *** （-10.24）	-0.359 *** （-9.08）
Lfinancesqu	0.017 *** （11.89）	0.016 *** （10.39）	0.015 *** （9.37）
Population	0.965 *** （8.38）	0.919 *** （7.54）	0.892 *** （7.05）
urban	0.006 *** （3.38）	0.006 ** （2.14）	-0.005 （-1.26）
Self	0.004 *** （5.75）	0.003 *** （3.91）	0.002 *** （3.35）
Structure	-0.001 （-0.50）	0.001 （0.26）	0.003 （1.24）
区位因素	Control	Control	Control
政策因素	Control	Control	Control
N	3794	3523	3252
F	222.09 ***	213.06 ***	193.94 ***
Adi - R^2	0.9032	0.9027	0.9026
Hausman test	277.64 ***	265.97 ***	713.20 ***

注：*** 、** 、* 分别表示在 1%、5% 和 10% 水平下的显著。因篇幅原因，本书没有报告区位因素和政策因素的回归结果，仅以 Control 表示模型中区位因素和政策因素已控制。

四、分领域子样本的回归模型分析

从土地财政与公共服务绩效各子维度散点图可以推论，土地财政与公共服务绩效各子维度之间的影响关系可能存在显著差异，因此，我们有必要进一步探讨彼此间关系。表 9 – 8 报告了土地财政与公共服务绩效各子维度之间的影响关系回归模型。模型 1 是控制了所有变量后，土地财政对社会服务绩效影响的回归模型。从分析结果可以看出，土地财政与公共服务绩效呈现显著的负相关关系（P < 0.01），两者之间的回归系数为 – 0.498。土地财政平方与公共服务绩效呈现显著的正相关关系（P < 0.01），两者之间的回归系数为 0.020，结果表明土地财政与社会服务绩效之间存在显著的"U"型影响关系。

模型 3 是控制了所有变量后，土地财政对环境治理绩效影响的回归模型。从分析结果可以看出，土地财政与环境治理绩效呈现显著的负相关关系（P < 0.01），两者之间的回归系数为 – 0.260。土地财政平方与公共服务绩效呈现显著的正相关关系（P < 0.01），两者之间的回归系数为 0.010，结果表明，土地财政与环境治理绩效之间也存在显著的"U"型影响关系。但是因为回归系数都明显变小，也进一步说明土地财政对于环境治理绩效的影响要弱于对社会服务绩效的影响。

模型 2 是控制了所有变量后，土地财政对教育服务绩效影响的回归模型。从分析结果可以看出，土地财政与环境治理绩效呈现显著的正相关关系（P < 0.01），两者之间的回归系数为 0.270。土地财政平方与公共服务绩效呈现显著的负相关关系（P < 0.01），两者之间的回归系数为 – 0.010，结果表明，土地财政与教育服务绩效之间的影响关系与其他两个相比发生了变化，从正"U"型的影响关系转变为倒"U"型的影响关系。

表 9 – 8　　　　　　　　分服务领域的回归模型分析结果

变量	Model 1 (FE)	Model 2 (FE)	Model 3 (FE)
Lfinance	– 0.498 *** (– 14.25)	0.270 *** (3.90)	– 0.260 *** (– 3.97)
Lfinancesqu	0.020 *** (14.38)	– 0.010 *** (– 3.61)	0.010 *** (3.75)
Population	1.170 *** (10.14)	– 0.976 *** (– 4.26)	– 0.152 (– 0.70)

变量	Model 1 （FE）	Model 2 （FE）	Model 3 （FE）
urban	0. 004 ** （2. 28）	0. 009 ** （2. 36）	− 0. 008 ** （− 2. 38）
Self	0. 003 *** （4. 62）	0. 002 * （1. 77）	− 0. 002 ** （− 1. 98）
Structure	− 0. 000 （− 0. 18）	0. 006 （1. 37）	0. 009 ** （2. 47）
区位因素	Control	Control	Control
政策因素	Control	Control	Control
N	3794	3794	3794
F	200. 67 ***	71. 85 ***	15. 66 ***
Adi − R²	0. 9023	0. 6160	0. 6555
Hausman test	59. 68 ***	40. 25 ***	45. 78 ***

注：*** 、** 、* 分别表示在1%、5%和10%水平下的显著。因篇幅原因，本书没有报告区位因素和政策因素的回归结果，仅以 Control 表示模型中区位因素和政策因素已控制。

五、分地区子样本的回归模型分析

表9 - 9 报告了分组回归分析结果。首先，模型1讨论在东部地区土地财政对公共服务绩效的影响。回归模型分析结果发现，在东部地区土地财政与公共服务绩效之间具有显著负相关关系（P < 0. 01），且两者之间回归系数为 - 0. 503。同时，土地财政平方与公共服务绩效之间具有显著正相关关系（P < 0. 01），且两者之间回归系数为 0. 020。这一结果说明在中国东部地区，土地财政对公共服务绩效的"U"型影响关系成立。

模型2讨论了在西部地区地方政府土地财政对公共服务绩效的影响。回归模型分析结果发现，在西部地区地方政府土地财政与公共服务绩效之间具有显著的负相关关系（P < 0. 01），且两者之间的回归系数为 - 0. 196。同时，土地财政平方与公共服务绩效之间具有显著的正相关关系（P < 0. 01），且两者之间的回归系数为 0. 009。这一结果说明在中国西部地区，土地财政对公共服务绩效的"U"型影响关系依然成立。但是相比东部地区而言，在同样的显著性水平下回归系数都明显减少，这说明土地财政对于公共服务绩效的影响关系，西部地区要低于东部地区。

模型3讨论了在中部地区地方政府土地财政对公共服务绩效的影响。

回归模型分析结果发现，在中部地区地方政府土地财政与公共服务绩效之间具有显著的负相关关系（P＜0.01），且两者之间的回归系数为－0.725。同时，土地财政平方与公共服务绩效之间具有显著的正相关关系（P＜0.01），且两者之间的回归系数为0.030。这一结果说明在中国中部地区，土地财政对公共服务绩效的"U"型影响关系也成立。而且在同样的显著性水平下，中部地区的回归系数是最大的，这样说明土地财政对公共服务绩效的影响中部地区是表现最强的。

表9－9　　　分地区土地财政对公共服务绩效影响的子样本回归模型

变量	Model 1 （FE）	Model 2 （FE）	Model 3 （FE）
Lfinance	－ 0. 503 *** （ － 7. 58）	－ 0. 196 *** （ － 4. 13）	－ 0. 725 *** （ － 7. 98）
Lfinancesqu	0. 020 *** （7. 26）	0. 009 *** （4. 50）	0. 030 *** （8. 75）
Population	2. 257 *** （9. 07）	0. 632 ** （2. 60）	0. 402 *** （2. 99）
urban	0. 005 * （1. 95）	0. 012 ** （2. 47）	0. 007 （1. 07）
Self	0. 002 （1. 45）	0. 007 *** （6. 01）	0. 004 *** （4. 00）
Structure	0. 001 （0. 27）	－ 0. 011 *** （ － 2. 92）	0. 006 * （1. 73）
区位因素	Control	Control	Control
政策因素	Control	Control	Control
N	1652	1162	980
F	95. 01 ***	56. 40 ***	97. 88 ***
Adi － R²	0. 9068	0. 8784	0. 9001
Hausman test	390. 63 ***	116. 67 ***	135. 46 ***

注：*** 、** 、*分别表示在1%、5%和10%水平下的显著。因篇幅原因，本书没有报告区位因素和政策因素的回归结果，仅以 Control 表示模型中区位因素和政策因素已控制。

六、稳健性分析

在本书中，地方政府公共服务绩效的数据采用的是滞后一期的数据，因此，土地财政和公共服务绩效之间并不存在内生性的问题，因此，本书的稳健性分析仅基于土地财政的不同测量方式。与前述章节相同，采用土地出让面积作为土地财政测量指标的替换，进行了模型的稳健性分析。

从表 9-10 可以看出，模型 1 是土地出让面积对公共服务绩效的影响回归模型，回归结果表明，土地出让面积与公共服务绩效之间具有显著的负相关关系（P < 0.01），且土地财政平方与公共服务绩效之间具有显著的正相关关系（P < 0.01）。这说明土地财政与公共服务绩效的 "U" 型影响关系依然成立，研究具有一定的稳健性。

模型 2 是土地出让面积对公共服务绩效滞后一期的影响回归模型，回归结果表明，土地出让面积与公共服务绩效滞后一期之间具有显著的负相关关系（P < 0.01），且土地财政平方与公共服务绩效滞后一期之间具有显著的正相关关系（P < 0.05）。这说明土地财政与公共服务绩效滞后一期的 "U" 型关系依然成立。

表 9-10　　　　　基于土地财政不同测量方式的稳健性分析

变量	Model 1 (FE)	Model 2 (FE)	Model 3 (FE)
Lfinance	-0.190 *** (-5.01)	-0.148 *** (-3.70)	-0.100 ** (-2.47)
Lfinancesqu	0.014 *** (4.17)	0.008 ** (2.45)	0.006 * (1.75)
Population	0.717 *** (16.01)	0.964 *** (7.83)	0.934 *** (7.29)
urban	0.010 *** (5.72)	0.010 *** (3.33)	-0.001 (-0.35)
Self	0.007 *** (10.49)	0.003 *** (4.23)	0.002 *** (3.39)
Structure	0.009 *** (4.81)	0.000 (0.21)	0.003 (1.35)
区位因素	Control	Control	Control
政策因素	Control	Control	Control
N	3794	3523	3252

变量	Model 1 （FE）	Model 2 （FE）	Model 3 （FE）
F		203. 96 ***	184. 69 ***
Wald chi2	4103. 89 ***		
Adi – R²	0. 5251	0. 9086	0. 9001
Hausman test	– 425. 85	453. 96 ***	258. 89 ***

注：*** 、** 、* 分别表示在1%、5%和10%水平下的显著。因篇幅原因，本书没有报告区位因素和政策因素的回归结果，仅以 Control 表示模型中区位因素和政策因素已控制。

模型 3 是土地出让面积对公共服务绩效滞后二期的影响回归模型，回归结果表明，土地出让面积与公共服务绩效滞后二期之间具有显著的负相关关系（$P < 0.05$），且土地财政平方与公共服务绩效滞后二期之间具有显著的正相关关系（$P < 0.10$）。这说明土地财政与公共服务绩效滞后二期的"U"型关系依然成立。土地财政对于远期公共服务绩效"U"型影响的结论依然也具有稳健性。

第五节　结果分析与讨论

一、土地财政对公共服务绩效的影响

地方政府土地财政在改善地方政府财政困境、提升地方政府经济绩效的同时，能否有效地促进地方政府公共服务绩效？现有研究并没有给出清晰的答案。有研究认为，土地财政收入维持了地方政府公共物品供给的资金需求，有研究认为，土地财政收入仅用于投资和维持地方政府自身运转，并没有投入到公共服务领域。本书基于地市级面板数据的实证研究发现，地方政府的土地财政与公共服务绩效之间存在显著的"U"型影响关系。因此，本书的假设得到支持。

这反映了地方政府在使用土地财政收入时的支出偏好，最初地方政府倾向于将出让土地所获得的财政收入用于基础投资建设等方面，而非公共服务的供给。但是当土地财政强度不断加大，地方政府出让土地所获得的财政收入越来越多时，因为财政资源的宽裕，地方政府开始关注于公共服务的供给，从而有效地促进了地方政府公共服务绩效的提高。

同时，本书还发现，在中国大部分地区土地财政的规模都高于特定的拐点值，此时地方政府土地财政资金的收入除了负担经济发展的支出需求外，还有足够的财政资源能够保障公共服务供给的需要，地方政府也将更有能力维持和促进公共服务绩效的提升。这一结果进一步说明，现阶段中国大部分地区公共服务的供给可能是依靠土地财政来维持的。

二、土地财政对公共服务长期绩效依然具有影响

本书不仅关注了土地财政对于近期公共服务绩效的影响，本书还采用了公共服务绩效滞后一期和二期的数据，分析了土地财政对于公共服务绩效长期的影响。研究的实证发现不论是对于公共服务绩效滞后一期，还是对于公共服务绩效滞后两期，土地财政都会对其产生显著的"U"型影响。而且这一结论不受到土地财政测量指标的影响，具有较好的稳健性。这说明对于地市级政府而言，公共服务绩效对于土地财政的依赖性是很高的。

这是因为现阶段地方政府的预算内收入和支出之间存在较大的差距，地方政府较难依靠预算内财政收入来支撑公共服务的供给，所以地方政府更多依靠预算外财政来弥补公共服务供给的不足。土地财政恰好为地方政府提供了大量的预算外财政资源。因此，中国大部分地方政府的短期和长期的公共服务在一定程度依靠土地财政来维持和提升，这也进一步印证了现有学者的部分研究发现。

三、土地财政对不同领域公共服务绩效的影响具有差异

本研究实证分析的结果发现，土地财政对地方政府公共服务绩效的不同子维度而言，其影响关系存在显著差异。本研究发现对于地市级政府而言，土地财政与社会服务绩效之间依旧呈现显著的"U"型影响关系。而且土地财政与环境治理绩效之间也呈现显著的"U"型影响关系，但对环境治理绩效的影响关系要弱于对社会服务绩效的影响。这也间接反映了地方政府的行为偏好，因为地市级政府负担了大量的社会服务的职责，例如，城市医疗、城市道路建设、城市休闲娱乐设施建设等。这也是每个居民考量城市好坏的标准，因此各个地市级政府更愿意将财政资源投入社会服务中来。由此推论，但地方政府从土地财政中获取财政资源后，更愿意将土地财政资源投入城市道路建设、休闲娱乐设施建设等公共服务的供给上来。因此，土地财政对于社会公共服务绩效的影响关系最为显著。

与社会服务绩效和环境治理绩效不同的是，土地财政对于教育服务绩

效的影响关系刚好相反，二者之间是倒"U"型的影响关系。这说明随着地方政府土地财政的规模不断增大，教育服务绩效会随之提高。但当土地财政的规模增大到一定程度后，随着地方政府土地财政规模的继续增大，地方政府公共服务绩效反而会持续降低。

这可能是因为 2011 年 7 月财政部和教育部联合下发文件《关于从土地出让收益中计提教育资金有关事项的通知》中明确要求："为了实现国家财政性教育经费支出占国内生产总值 4% 目标，各地区需要严格按照10% 的比例从土地出让收益中计提教育资金。"① 这一文件的出台，将教育经费与土地出让金严格挂起钩来，土地出让金的增多必然会带来教育经费的增加，也会进一步促进教育服务绩效的提高。同时该文件还规定"在保障农村基础教育的前提下，教育资金仍有富余的，可以用于城市基础教育相关开支。"所以当土地财政增加到一定规模后，教育经费已经很充足的情况下，地方政府可能会降低教育投入，增加基础设施等资金的投入，造成教育支出的比重下降，因此，导致了教育服务绩效的降低。

第六节　本章小结

地方政府土地财政在推动区域经济发展的同时，能否改善地区公共服务供给水平呢？虽然有关中国地方政府土地财政问题的研究越来越多，但是探讨土地财政与政府公共服务的研究还不多见，尤其是从政府公共服务绩效的视角进行分析的研究还没有发现。本章在公共服务绩效研究视角下，分析了土地财政对地区公共服务绩效的影响，构建了理论模型并提出一个研究假设，并运用地市级面板数据验证了研究假设。

本章主要的实证研究发现为以下三个方面。

首先，实证研究结果发现，地方政府土地财政与公共服务绩效之间具有显著的"U"型关系，而且不仅土地财政对于短期公共服务绩效存在"U"型关系，其对长期的公共服务绩效也存在"U"型关系。而且这一"U"型关系具有很强的稳健性，不会受到地域因素以及测量指标的干扰。这一发现说明中国地方政府的土地财政对于公共服务的提供而言，具有先抑后扬的作用。本章的研究结论拓展了土地财政后果效应的研究内容，为

---

① 《财政部、教育部关于从土地出让收益中计提教育资金有关事项的通知》，财综〔2011〕62 号，2011 年 7 月 21 日。

该领域的研究提供新的实证证据，深化了土地财政相关理论研究。

其次，实证研究结果发现，土地财政对地方政府公共服务绩效三个子维度的影响关系存在显著差异。土地财政对社会服务绩效的影响关系最大，其次是教育服务绩效，而土地财政对环境治理绩效却不产生任何影响。这一发现说明地方政府在公共服务领域使用土地财政收入时具有价值偏好，优先考虑将土地财政资源投入文化娱乐和劳动就业等硬性公共服务领域。本章的研究结论丰富了土地财政与公共服务绩效之间的关系，为进一步理解中国地方政府土地财政问题提供理论依据。

最后，本章实证研究发现，土地财政对公共服务绩效的"U"型影响关系会受到地域环境的影响。在我国东部地区影响关系最为显著，其次是中部地区，在西部地区则没有影响。本章研究还发现，东中部地区大部分地区土地财政的规模都高于特定的拐点值，土地财政维持和促进公共服务绩效的提升。这一结果进一步说明，现阶段我国的东中部地区部分的公共服务可能是依靠土地财政来维持的，需要客观审视土地财政对地方政府公共服务的影响效应。

本章研究的政策启示在于：首先，建议中央政府应该在进一步保障和维持地方政府公共服务供给财政资源，考虑努力培育新的经济增长点和新的财源的基础上，逐步严控和减少地方政府的土地财政，避免"一刀切"带来的地方政府公共服务水平的骤减。其次，建议在未来地方政府土地财政资源使用的过程中，应建立相应的政策制度以引导和扭转地方政府的土地财政支出偏好，加大地方政府在公共服务领域的投入。

第十章　研究结论和治理对策

第一节　研 究 结 论

本书旨在基于软预算约束理论探讨地方政府土地财政问题的前因后果，以期识别影响乃至决定地方政府土地财政的关键因素，以及探寻地方政府实施土地财政的可能效应。本书在梳理相关理论以及相关研究成果的基础上，首先对传统的软预算约束理论的研究进行了梳理和总结，分析了中国地方政府的软预算约束问题的表现形式和特征，并进一步论证了地方政府土地财政和软预算约束问题的关联；其次，通过对地方政府土地财政的运行分析，从管理制度的角度构建一个系统性理论框架对地方政府土地财政的前因后果进行理论分析；最后，根据研究分析框架提出了相应的研究假设，并收集了地市级政府近十五年的数据，选取面板数据对本书的理论假设进行了验证，得出了以下六个方面的主要研究结论。

第一，地方政府财政支出分权与土地财政呈显著正相关关系，但财政收入分权与土地财政之间没有显著相关关系，且这一研究发现具有较好稳健性。这说明地方政府事权的不断扩大是引发土地财政的主要原因。虽然地方政府财政收入有限，但大多数地方政府还是能够维持基本运转。但随着地方政府支出规模的不断扩大，在财政收入有限的情况下，事权的增多致使地方政府的财政面临沉重压力，从而引发了土地财政问题。因此，未来想要有效缓解土地财政问题，就应该完善财力与事权相匹配的财政体制，在合理划分中央与地方政府事权的基础上，合理配置财力资源。

第二，地方政府财政转移支付与土地财政之间呈现显著负相关关系，这说明加大政府间转移支付的力度有利于降低地方政府土地财政。这是因为转移支付资金在一定程度上弥补了地方政府财政支出资金的缺口，有效地缩减了地方政府财政收入和财政支出之间的差距，缓解了地方政府财力与事权的不对等状况，从而缓解了地方政府出让土地换取财政资源的内在冲动。但相比一般性转移支付而言，专项转移支付对于地方政府土地财政行为的影响更大。这可能是因为目前中国地方政府专项转移支付的规模较大，其对于地方政府财政和土地财政行为的影响更大，其对地方政府土地财政缓解效用更强。

第三，中央政府监管与土地财政之间呈现显著的负相关关系，且这一结论具有稳健性。研究结果能够进一步证实中央不断加大对地方政府土地出让行为的监管力度，是能够有效地缓解地方政府土地财政问题。这是因为通过土地监管，中央政府能够及时发现地方政府土地出让过程中的违规行为，并进而及时纠正地方政府的行为。这对地方政府土地出让权力起到了较好的制约作用，使得地方政府不能盲目地开发土地资源，也不能滥用土地资源，在一定程度上遏制了地方政府土地财政行为。

第四，预算管理对于政府监管和土地财政之间的负向关系具有显著的正向调节作用，其能增强政府监管对土地财政的缓解作用。这一研究发现说明当地方政府土地出让金正式纳入政府性基金，其实施全额纳入预算管理。土地出让金在纳入预算管理之后，建立了较为全面的财政信息台账，使得中央政府在进行监管的时候有据可查，便于中央政府对土地出让金的使用进行监管，从而降低了地方政府土地财政倾向。

第五，土地财政对地区短期经济发展有显著的正向影响，但是这一影响关系并不是立竿见影的，其是具有较长时间的延迟效应的。土地财政对于所在地区一至三年内的经济发展是没有促进作用的，只有到了第四年才开始显现对经济发展的促进作用，到第五年这一正向影响关系最强。这说明在土地出让的初期，通过土地进行招商引资吸引企业入驻，但是企业的建设是需要周期的，并不能在短期内快速推进地区经济发展，只能在后续的建设中逐步凸显其对经济发展的促进作用。同时本书还发现，土地财政与地区三年平均人均 GDP 增长率和五年 GDP 增长率均没有显著影响关系。这说明土地财政对经济发展的影响只是短时的局部影响，并不能从整体上持续促进区域经济发展。

第六，土地财政与短期公共服务绩效和长期公共服务绩效之间都存在"U"型曲线影响关系，且这一关系具有稳健性，不受到地域环境和测量工具的影响。这说明中国地方政府的土地财政对于公共服务绩效而言，具有先抑后扬的作用。在中国地市一级的短期和长期的公共服务很大程度上是依靠土地财政收入来维持。这进一步说明土地财政是在中国现行的财政分权模式下地方政府的"被动"选择。财政分权模式带来了地方政府的财权和事权不统一，导致很多地方政府只能依靠卖地缩小财政缺口，推动地方发展，维持公共服务供给。

第二节　土地财政的治理对策

一、明确政府间事权划分

本书发现，地方政府的支出分权导致土地财政规模的不断增加，这是因为地方政府承担了过多的事权，在财政资源有限的情况下，事权的增多致使地方政府的财政面临沉重压力，从而引发了土地财政问题。因此，想要有效缓解地方政府土地财政问题，就需要明确各级地方政府的职能划分，并在此基础上明确划分地方政府之间的支出责任，使地方政府的财力与事权尽可能达到匹配。

首先，各级政府事权的划分应该有相应的法律法规依据，这样就可以减少各级政府在具体实施过程中的讨价还价和推诿扯皮问题的发生，也可以减少上级政府随意下放事权的自由裁量权。因此，需要加快事权科学划分的法律化进程，尽快出台各级政府事权划分的法律制度，以保证事权规范化和法律化，做到事权划分有法可依，有章可循。

其次，事权的重构是以政府职能和支出责任的清晰界定作为前提。在中国各级政府之间存在着职能同构现状，各级政府职能存在着高度重叠。因此，必须推进政府机构改革，以"权力清单"和"责任清单"改革为契机，进一步梳理和明确各级政府具体分工和支出责任，以推动政府间事权划分明确化和精细化。

二、增加财政收入分成比重

本书发现，虽然地方政府的财政收入分权与土地财政之间没有直接的影响关系，但是加大地方政府的财政收入分成比重，却会缩小财力和事权之间的差距，缓解地方政府财力和事权不对等的局面，化解地方政府的财政压力。因此，可以考虑根据因事定财的原则，在明确政府支出责任基础上，调整地方政府间的财政税收关系，加大地方政府财政收入的规模，从而在一定程度上保证地方政府的财力能够满足事权的需求。

首先，可以考虑重新调整中央政府和地方政府之间的税收比例。在保证国家宏观战略财政资源不受影响的前提下，适度下调中央政府的税收分成比重，上调地方政府的税收分成比重，使得财政投入资金适度地向地方政府手中倾斜，以减轻支出和收入之间的差距。

其次，建议赋予地方政府更多的财政自主权，尤其是省内共享税收收入配置的自主权。中国各地方政府因为资源状况的不同，导致经济基础和经济发展具有很大的差异，财力和事权之间的不匹配状况也各不相同。因此，应该下放给地方政府更多的财政权力，使其可以因地制宜地配置省内各级政府之间的共享税收分成比重，以促进区域财力和事权的有效匹配。

三、加大财政转移支付力度

本书发现，政府转移支付与土地财政之间呈现显著负相关关系，这说明加大政府间转移支付的力度有利于降低地方政府土地财政行为。这可能是因为为了缓解地方政府的财政困境，中央政府加大了向地方政府转移支付的力度，在一定程度上弥补了地方政府财政收入的不足。而且，中央政府可通过安排转移支付将部分事权支出责任委托给地方政府的同时，也配套了相应的财力支持，有效地缩减了地方政府财政收入和财政支出之间的差距，缓解了地方政府财力与事权的不对等状况。

首先，建议中央政府考虑进一步加大向地方政府一般性转移支付的力度。财政部可以考虑进一步提高中央财政一般性转移支付的比重，特别是加大向财政困难地区一般性转移支付的力度，提高这些地区财政收入，缩小地方政府财力与事权之间的差距。

其次，建议省级政府在明确地市级政府支出责任的基础上，在出台政策性支出要求的同时，应系统审慎评估和权衡地市级财政的承担能力。对于难以承担政策性支出的地市，应该加大专项转移支付的力度，以促进财力与事权的匹配。

最后，考虑建立横向转移支付模式。因为中国地区间贫富差距较大，对于西部地区而言财力和事权的不匹配是造成土地财政的重要原因，而在东部地区并不存在这一影响路径。因此，建议财政部尝试建立横向转移支付模式，加大东部富裕地区对于西部困难地区的财政资金支援，以缓解西部地区的财政窘境。

四、适时推进房产税改革

本书发现，在地方政府财政困难的情况下，土地财政肩负了缩小地方财政缺口，推动地方发展，维持公共服务供给的责任。这也提示我们，应该正视土地财政对地方政府财力资源的有效补充作用，以及对公共物品供给的维持作用。对于地方政府的土地财政不能一棒子打死，应该认可其对于公共服务的维持作用。因此，不能贸然提出完全限制地方政府的土地财政，以免带来地方政府公共服务水平的骤减，以及地方政府大面积财政赤字的情况出现。

地方政府土地财政的降低和减少，应该是在加快经济发展方式的转变，推进经济转型升级，努力培育新的经济增长点和新的财源基础上逐步实现的。房地产税的建立，能为地方政府建立一个稳定可靠的税收财政的来源。有了这个税收之后，地方政府短期操作的行为就得到约束，也能够在一定程度上缓解土地财政问题。因此，建议中央政府应扩大个人住房房产税改革试点范围，为全面推进房产税改革进一步积累经验。等经验成熟后，适时地在全国范围内推进房产税改革，以遏制地方政府对土地出让金的依赖。

五、完善政府内部监管机制

本书发现，政府内部土地监管是有效缓解土地财政问题的关键路径之一，这是因为通过土地监管，中央政府能够及时发现地方政府土地出让过程中的违规行为，并进而及时纠正地方政府土地财政问题。现阶段想要有效缓解我国地方政府的土地财政，就应该从强化土地监管制度入手，不断强化土地监管的力度，完善土地监管的模式，通过土地监管不断硬化约束环境。

因此，建议强化土地出让管理和监管制度，在未来地方政府土地出让的过程中，应该严格遵守国家 18 亿亩耕地红线的政策要求，严格土地出让程序，实行全程跟踪和监管巡查，建立完善监管台账和档案，使土地出让更加规范化、制度化、法制化。

同时，持续创新土地督察制度，加大土地督察的覆盖范围。现阶段的土地督察更多是对土地出让过程中的违法违规问题进行监督视察，其属于事中或事后的监管。建议把土地督察的关口前置，在土地规划和出让审批阶段就进行事前的监督，这样更能起到防患于未然的效果，尽早预防土地出让中的违法违规行为，也能从源头更好地控制住地方政府的土地财政问题。

六、建立公众外部监督机制

土地监管除了政府内部自上而下的监督机制之外，还应该搭建自下而上的政府外部监督机制。这是因为公众在掌握充足的信息的前提下，其可以更加公正公平、精准推断和评价政府的土地出让行为，从而遏制地方政府的土地财政依赖。因此，建议在规模土地出让时，考虑建立大型听证会，充分发挥公民的监督作用，大型土地出让金的支出项目建议通过民主投票的方式决定。并且考虑适时向社会公开举报电话，在土地出让过程中随时接受公众的举报和投诉，而且公众举报的问题一经查实要重点督办解决。

同时，建议各地方政府应加大土地出让信息公开力度，充分利用政府门户网站、政务微博、各种媒体、信息平台等对各地土地出让基本情况信息、出让过程和结果进行公开，增强土地出让工作的透明度，实行"阳光操作"，从而引导和提升公众参与土地监督的可行性。

七、加强土地出让金收支管理

本书发现，虽然加强土地出让金预算管理，实行收支两条线管理不能直接降低土地财政，但是其促进了土地监管的效果，进而间接地降低了土地财政的规模。因此，建议中央财政以及有关部门，应该进一步加强对于土地出让金的收支管理，严格按照规定将土地出让金全部纳入地方基金预算，编制土地出让金预算明细账，并且各级人大要加强对政府土地出让金收支预算决算的审查和监督。

同时，土地出让金需要严格按照规定合理使用，加强预算执行过程中的监督检查，确保土地出让收入安全、规范、有效使用。尤其要严格按照制度规定支出土地出让金，土地出让的净收益要优先保障用于农田和水利建设，用于保障性住房的建设等，杜绝土地出让金的挪用和侵占情况的出现。

最后，建议各地应出台相应的政策制度以引导和扭转地方政府的土地财政支出偏好，加大地方政府在公共服务领域的投入。各地政府可以考虑建立"土地财政公益基金"，从土地出让金中预留一部分资金专门用于地方政府公共服务供给之用，尤其是用于教育、医疗和社会保障等软性公共服务的供给。

参 考 文 献

[1] 〔英〕维尔：《美国政治》，王合、陈国清、杨铁钧译，商务印书馆 1981 年第 1 版。

[2] 罗春梅：《地方财政预算权与预算行为研究》，西南财经大学出版社 2010 年第 1 版。

[3] 郑石桥、马新智：《预算管理：一个文献综述》，载《北京工商大学学报》2006 年第 1 期，第 54~61 页。

[4] Alesina, A. et al, 1999："Budget institutions and fiscal performance in Latin America", Journal of Development Economics, Aug, P253 – 273.

[5] Poterba, J. M., 1996："Budget Institutions and Fiscal Policy in the U. S. States", The American Economic Review, Feb, P395 – 400.

[6] Gleich, H., 2003："Budget Institutions and Fiscal Performance in Central and Eastern European Countries", ECB Working Paper.

[7] 周飞舟：《分税制十年：制度及其影响》，载《中国社会科学》2006 年第 6 期，第 100~115 页。

[8] 匡小平、卢小祁：《财政分权、地方财政赤字与土地财政——来自中部欠发达地区 J 省的经验证据》，载《中南财经政法大学学报》2012 年第 1 期，第 61~64 页。

[9] 杨志荣、靳相木：《基于面板数据的土地投入对经济增长的影响——以浙江省为例》，载《长江流域资源与环境》2009 年第 5 期，第 409~415 页。

[10] 张昕：《土地出让金与城市经济增长关系实证研究》，载《城市问题》2011 年第 11 期，第 16~21 页。

[11] 夏方舟、严金明、徐一丹：《基于随机边界分析的土地要素对中国经济技术效率影响研究》，载《中国土地科学》2014 年第 7 期，第 4~10 页。

[12] 李一花、化兵：《财政赤字、土地财政与房价的关系研究》，载《中央财经大学学报》2018 年第 11 期，第 3 ~ 14 页。

[13] 唐云锋、吴琦琦：《土地财政制度对房地产价格的影响因素研究》，载《经济理论与经济管理》2018 年第 3 期，第 43 ~ 56 页。

[14] 龙开胜：《土地财政对土地违法的影响及违法治理政策调整》，载《南京农业大学学报（社会科学版）》2013 年第 3 期，第 64 ~ 69 页。

[15] 王小斌、邵燕斐：《地方政府土地违法行为的影响因素与区域差异研究》，载《统计与决策》2014 年第 13 期，第 111 ~ 113 页。

[16] 张曾莲、严秋斯：《土地财政、预算软约束与地方政府债务规模》，载《中国土地科学》2018 年第 5 期，第 45 ~ 53 页。

[17] 沈坤荣、赵倩：《土地功能异化与我国经济增长的可持续性》，载《经济学家》2019 年第 5 期，第 94 ~ 103 页。

[18] Kornai, J., 1980: "Economics of Shortage", Amsterdam, North Hollan.

[19] Kornai, J., 1986: "The Soft Budget Constraint", *Kyklos*, Jan, P3 - 30.

[20] Maskin, E. S., 1996: "Theories of the soft budget constraint", *Japan and the World Economy*, Jun, P125 - 133.

[21] Rodden, J. A., 2003: "Soft Budget Constraints and German Federalism", In: Rodden, J. A., Eskeland, G. S., Litvack, J., editors, "*Fiscal Decentralization and the Challenge of Hard Budget Constraints*", Cambridge, The Massachusetts Institute of Technology Press.

[22] Feld, L. P., 2005: "The European constitution project from the perspective of constitutional political economy", *Public Choice*, Jan, P 417 - 418.

[23] Alexeev, M., Kim, S., 2008: "The Korean financial crisis and the soft budget constraint", *Journal of Economic Behavior & Organization*, Oct, P178 - 193.

[24] Yu, J. H., 2008: "Policy Burdens, Accountability and Soft Budget Constraint of Chinese HEIS", *Frontiers of Education in China*, Jul, P236 - 245.

[25] Eggleston, K. et al, 2009: "Soft Budget Constraints in China: Ev-

idence from the Guangdong Hospital Industry", *International Journal of Healthcare Finance and Economics*, Apr, P233 – 242.

[26] Tjerbo, T., Hagen, T. P., 2009: "Deficits, Soft Budget Constraints and Bailouts: Budgeting after the Norwegian Hospital Reform", *Scandinavian Political Studies*, Sep, P337 – 358.

[27] Kornai, J., 2009: "The Soft Budget Constraint Syndrome in the Hospital Sector", *Society and Economy*, May, P5 – 31.

[28] Liu, Y. L., 2012: "From Predator to Debtor: The Soft Budget Constraint and Semi – Planned Administration in Rural China", *Morden China*, Jan, P1 – 38.

[29] Vigneault, M., 2003: "Intergovernmental Fiscal Relations and the Soft Budget Constraint Problem", *The Consortium for Economic Policy Research and Advice*.

[30] Ong, L. H., 2012: "Fiscal Federalism and Soft Budget Constraint: The Case of China", *International Political Science Review*, Sep, P1 – 20.

[31] 马骏、刘亚平:《中国地方政府财政风险研究:"逆向软预算约束"理论的视角》,载《学术研究》2005 年第 11 期,第 77 ~ 83 页。

[32] 王永钦、陈映辉、杜巨澜:《软预算约束与中国地方政府债务违约风险:来自金融市场的证据》,载《经济研究》2016 年第 11 期,第 96 ~ 109 页。

[33] 管治华、范宇翔:《预算软约束、经济增长与地方政府隐性债务规模》,载《安徽大学学报(哲学社会科学版)》2020 年第 03 期,第 143 ~ 156 页。

[34] 周雪光:《"逆向软预算约束":一个政府行为的组织分析》,载《中国社会科学》2005 年第 2 期,第 132 ~ 143 页。

[35] 方红生、张军:《中国地方政府竞争、预算软约束与扩张偏向的财政行为》,载《经济研究》2009 年第 12 期,第 4 ~ 16 页。

[36] 叶贵仁:《"逆向软预算约束":乡镇长权责不对等的理论解释》,载《华南理工大学学报(社会科学版)》2010 年第 3 期,第 39 ~ 42 页。

[37] 赵永辉、付文林、冀云阳:《分成激励、预算约束与地方政府征税行为》,载《经济学(季刊)》2010 年第 1 期,第 1 ~ 32 页。

[38] 刘书祥、童光辉：《财政分权、软预算约束与地区间义务教育差异分析》，载《地方财政研究》2008 年第 3 期，第 22～27 页。

[39] 罗春梅：《法定支出政策下教育经费预算软约束分析》，载《当代财经》2012 年第 5 期，第 34～41 页。

[40] Xie, Q., et al, 2002："The Emergence of the Urban Land Market in China：Evolution, Structure, Constraints and Perspectives", *Urban Studies*, Jul, P1375–1398.

[41] Yeh, A. G. O., Wu, F., 1996："The new land development process and urban development in Chinese cities", *International Journal of Urban and Regional Research*, Jun, P330–353.

[42] Li, L. H., 1999："Impacts of land use rights reform on urban development in China", *Review of Urban and Regional Development Studies*, Nov, P193–205.

[43] Wong, K. K., Zhao, X. B., 1999："The Influence of Bureaucratic Behavior on land apportionment in China：the informal process", *Environment and Planning C：Government and Policy*, Feb, P113–126.

[44] 佘君：《建国初期土地改革与中国现代化的发展》，载《党史研究与教学》2002 年第 5 期，第 33～37 页。

[45] 陈方南：《20 世纪 50 年代初国共两党农村土地改革政策比较研究》，载《社会科学战线》2006 年第 2 期，第 139～144 页。

[46] 张一平：《三十年来中国土地改革研究的回顾与思考》，载《中共党史研究》2009 年第 1 期，第 110～119 页。

[47] Li, L. H., 1995："The official land value appraisal system under the land use rights reforms in China", *The Appraisal Journal*, Jan, P102–110.

[48] Li, L. H., Walker, A., 1996："Bechmark pricing behavior of land in China's reform", *Journal of Property Research*, Mar, P183–196.

[49] 赵岱虹、蒋文彪、项加铀：《土地信息系统评价研究》，载《中国土地科学》1998 年第 4 期，第 3～5 页。

[50] 刘康：《土地利用可持续性评价的系统概念模型》，载《中国土地科学》2001 年第 6 期，第 19～23 页。

[51] Bahal, R., Zhang, J., 1989："*Taxing urban land in Chi-*

na. *Report INU* 39, *Infrastructure and Urban Development Department*", Washington, D. C. , World Bank.

[52] 黎赔肆、周寅康、彭补拙:《城市土地资源市场配置的缺陷与税收调节》,载《中国土地科学》2000 年第 5 期,第 21 ~ 24 页。

[53] 朱青、罗志红:《完善我国城市土地税收体系的思考》,载《国土资源》2005 年第 7 期,第 34 ~ 36 页。

[54] Wu, F. , 1997:"Changing spatial distribution and determinants of land development in Chinese cities in the transition from a centrally planned economy to a socialist market economy: a case study of Guangzhou", *Urban Studies*, Nov, P1851 – 1879.

[55] Wu, F. , 1999:"The 'game' of landed-property production and capital circulation in China's transitional economy, with reference to Shanghai", *Environment and Planning*, Oct, P1757 – 1771.

[56] Gaubatz, P. , 1999:"China's urban transformation: patterns and processes of morphological change in Beijing, Shanghai and Guangzhou", *Urban Studies*, Aug, P1495 – 1521.

[57] 胡继连、陈敬淑:《"四荒地"使用权拍卖问题研究——山东省沂水县常庄村典型调查》,载《山东经济》1999 年第 3 期,第 3 ~ 5 页。

[58] 曹正汉:《土地集体所有制:均平易、济困难——一个特殊村庄案例的一般意义》,载《社会学研究》2007 年第 3 期,第 18 ~ 38 页。

[59] 张浩博、陈池波:《集体土地确权对农村土地流转效应的影响——基于 A 县的案例分析》,载《江西农业大学学报(社会科学版)》2013 年第 2 期,第 166 ~ 169 页。

[60] Deng, F. F. , 2003:"The political economy of public land leasing in Beijing, China", In: Bourassa, S. C. , Hong, Y. H. , editors, "*Public leasehold: Policy debates and international experiences*", Cambridge, MA, Lincoln Institute of Land Policy.

[61] Deng, F. F. , 2005:"Public land leasing and the changing roles of local government in urban China", *The annals of regional science*, Feb, P353 – 373.

[62] McGrath, D. T. , 2005:"More evidence on the spatial scale of cities", *Journal of Urban Economics*, Jul, P1 – 10.

［63］张耀宇、陈会广、宋璐怡、陈利根：《基于城市规模的地方政府土地财政行为差异研究》，载《自然资源学报》2015 年第 10 期，第 1653~1663 页。

［64］Lu，Q.，et al，2011："Effects of urbanization and industrialization on agricultural land use in Shandong Peninsula of China"，*Ecological Indicators*，Nov，P1710 – 1714.

［65］孙克竞：《地方土地财政转型、产业结构优化与土地出让制度变革》，载《经济管理》2014 年第 2 期，第 10~22 页。

［66］Wong，S. W.，et al，2006："Strategic urban management in China：A case study of Guangzhou Development District"，*Habitat International*，Sep，P645 – 667.

［67］陈多长、沈莉莉：《工业化、城市化对地方政府土地财政依赖的影响机制》，载《经营与管理》2012 年第 11 期，第 73~77 页。

［68］陈多长、张明进：《城镇化对地方政府土地财政依赖的影响》，载《财会月刊》2016 年第 9 期，第 46~49 页。

［69］Wu，F.，2002："China's changing urban governance in the transition towards a more market-oriented economy"，*Urban Studies*，Jun，P1071 – 1093.

［70］Lichtenberg，E.，Ding，C.，2009："Local officials as land developers：Urban spatial expansion in China"，*Journal of Urban Economics*，Jul，P57 – 64.

［71］匡小平、卢小祁：《财政分权、地方财政赤字与土地财政——来自中部欠发达地区 J 省的经验证据》，载《中南财经政法大学学报》2012 年第 1 期，第 61~64 页。

［72］刘佳、吴建南：《财政分权、转移支付与土地财政：基于中国地市级面板数据的实证研究》，载《经济社会体制比较》2015 年第 3 期，第 34~43 页。

［73］Tao，R.，et al，2010："Land leasing and local public finance in China's regional development：evidence from prefecture-level cities"，*Urban Studies*，Aug，P2217 – 2236.

［74］吴群、李永乐：《财政分权、地方政府竞争与土地财政》，载《财贸经济》2010 年第 7 期，第 51~59 页。

［75］唐鹏、石晓平、曲福田：《地方政府竞争与土地财政策略选择》，载《资源科学》2014 年第 4 期，第 702~711 页。

[76] Deng, X. , et al, 2008: "Growth, population and industrialization, and urban land expansion of China", *Journal of Urban Economics*, Jan, P96 – 115.

[77] Zhang, Y. , 2012: "Institutional Sources of Reform: The Diffusion of Land Banking Systems in China", *Management and Organization Review*, Nov, P123 – 134.

[78] 赵合云:《土地财政"的生成机制:一个逆向软预算约束理论的分析框架》,载《财政研究》2011 年第 10 期,第 37 ~ 39 页。

[79] 刘佳、吴建南:《中国地方政府土地财政的影响因素研究——基于地市面板数据》,载《经济管理》2015 年第 6 期,第 154 ~ 165 页。

[80] Liu, M. , et al, 2008: "Instrumental land use investment-driven growth in China", *Journal of the Asia Pacific Economy*, Jun, P313 – 331.

[81] Ding, C. , Lichtenberg, E. , 2011: "Land and Urban Economic Growth in China", *Journal of Regional Science*, May, P299 – 317.

[82] 李艳春:《土地财政对我国经济发展的影响》,载《人民论坛》2015 年第 5 期,第 86 ~ 88 页。

[83] 储德银、费冒盛:《财政纵向失衡、土地财政与经济高质量发展》,载《财经问题研究》2020 年第 3 期,第 75 ~ 85 页。

[84] Ihlanfeldt, K. R. , 2007: "The effect of land use regulation on housing and land prices", Journal of Urban Economics, May, P420 – 435.

[85] Du, H. Y. , et al, 2011: "The impact of land policy on the relation between housing and land prices: Evidence from China", The Quarterly Review of Economics and Finance, Feb, P19 – 27.

[86] 唐云锋、马春华:《财政压力、土地财政与"房价棘轮效应"》,载《财贸经济》2017 年第 11 期,第 39 ~ 54 页。

[87] 李一花、化兵:《财政赤字、土地财政与房价的关系研究》,载《中央财经大学学报》2018 年第 11 期,第 3 ~ 14 页。

[88] 阎波、武龙、韩东伶、程齐佳徽、吴建南:《土地财政对区域创新的影响研究——来自中国省际面板数据的证据》,载《科研管理》2018 年第 5 期,第 38 ~ 45 页。

[89] 张充:《土地财政促进了区域创新吗?——基于地级市面板数

据的实证检验》，载《云南财经大学学报》2019 年第 5 期，第
101 ~ 112 页。

[90] 安勇、原玉廷：《土地财政、扭曲效应与区域创新效率》，载
《中国土地科学》2019 年第 8 期，第 36 ~ 42 页。

[91] 李明月、林仕婷：《土地财政对城市化发展影响——基于广东
省面板数据的协整分析》，载《华南理工大学学报（社会科学
版）》2017 年第 3 期，第 62 ~ 71 页。

[92] 赵金鑫、冯骅：《土地财政对中国城市化的影响研究》，载《现
代管理科学》2017 年第 12 期，第 51 ~ 53 页。

[93] 章和杰、施楚凡、李义超：《土地财政对城镇化协调发展的影
响研究——基于我国 253 个地级市面板数据的实证分析》，载
《科技与经济》2019 年第 3 期，第 50 ~ 54 页。

[94] 周飞舟：《生财有道：土地开发和转让中的政府和农民》，载
《社会学研究》2007 年第 1 期，第 49 ~ 82 页。

[95] 唐明：《中国地方政府非正式财权研究："逆向软预算约束"观
察视角》，载《财经论丛》2011 年第 6 期，第 33 ~ 38 页。

[96] 刘锦：《"土地财政"问题研究：成因与治理——基于地方政
府行为的视角》，载《广东金融学院学报》2010 年第 6 期，
第 41 ~ 53 页。

[97] 程睿娴、李妍：《国内土地财政研究述评》，载《经济问题探
索》2011 年第 2 期，第 127 ~ 131 页。

[98] Hubacek, K., et al, 2006："Changing concepts of "land" in eco-
nomic theory: From single to multi disciplinary approaches", *Eco-
logical Economics*, Jan, P5 – 27.

[99] 任旭峰：《经济理论演进中的土地概念辨析》，载《山东社会科
学》2011 年第 6 期，第 96 ~ 101 页。

[100] Zhu, J. M., 2005："A Transitional Institution for the Emerging
Land Market in Urban China", *Urban Studies*, Jul, P1369 –
1390.

[101] Slangen, L. H. G., Polman, N. B. P., 2008："Land lease con-
tracts: properties and the value of bundles of property rights",
Wageningen Journal of Life Sciences, May, P397 – 412.

[102] 殷琳：《土地租赁的两种方式》，载《中国改革》2005 年第 7
期，第 36 页。

[103] 孙宪忠：《国有土地使用权财产法论》，中国社会科学出版社1993年第1版。

[104] 马骏、温明月：《税收、租金与治理：理论与检验》，载《社会学研究》2012年第2期，第86~108页。

[105] Schumpeter, J. A., 1991: "*The Crisis of Tax State. In*: *Schumpeter JA, editor. The Economics and Sociology of Capitalism*", Princeton, Princeton University Press.

[106] Moore, M., 2004: "Revenues, State Formation, and the Quality of Governance in Developing Countries", *International Political Science Review*, Jul, P297–319.

[107] 刘守刚：《财政类型与现代国家构建——一项基于文献的研究》，载《公共行政评论》2008年第1期，第169~182页。

[108] 曹广忠、飞袁、然陶：《土地财政、产业结构演变与税收超常规增长——中国"税收增长之谜"的一个分析视角》，载《中国工业经济》2007年第12期，第13~21页。

[109] 董再平：《地方政府"土地财政"的现状、成因和治理》，载《理论导刊》2008年第12期，第13~15页。

[110] 邵绘春：《土地财政的深层次原因探索》，载《财贸经济》2009年第10期，第78~80页。

[111] 周飞舟：《大兴土木：土地财政与地方政府行为》，载《经济社会体制比较（双月刊）》2010年第3期，第77~89页。

[112] 杜雪君、黄忠华、吴次芳：《中国土地财政与经济增长——基于省际面板数据的分析》，载《财贸经济》2009年第1期，第60~64页。

[113] 牛梅：《"土地财政"该休矣》，载《合作经济与科技》2007年第7期，第79~80页。

[114] 易凌：《现行体制下中国"土地财政"问题的解决》，载《经济师》2009年第5期，第24~25页。

[115] 冯兴元：《土地财政、地方政府融资平台与规则》，载《中国市场》2011年第3期，第21~23页。

[116] 张应语、封燕：《社会网络分析回顾与研究进展》，载《科学决策》2019年12期，第61~76页。

[117] 唐进：《我国外语教学中的自主学习研究综述——以社会网络分析为视角》，载《现代教育技术》2012年第1期，第64~69页。

[118] 魏瑞斌：《社会网络分析在关键词网络分析中的实证研究》，载《情报杂志》2009 年第 9 期，第 46～49 页。

[119] 刘军：《社会网络分析导论》，社会科学文献出版社 2004 年第 1 版。

[120] Alonso, W., 1964："*Location and Land Use*", Cambridge, M. A., Harvard Univ. Press.

[121] Brueckner, J. K., Fansler, D. A., 1983："The Economics of Urban Sprawl: Theory and Evidence on the Spatial Sizes of Cities", *Review of Economics and Statistics*, Feb, P479–482.

[122] 周璐：《我国城市化发展与政府土地财政关系分析》，载《中国管理信息化》2014 年第 13 期，第 81～82 页。

[123] Lu, Q., et al, 2011："Effects of urbanization and industrialization on agricultural land use in Shandong Peninsula of China", *Ecological Indicators*, Nov, P1710–1714.

[124] 韩本毅：《城市化与地方政府土地财政关系分析》，载《城市发展研究》2010 年第 5 期，第 12～17 页。

[125] 陈多长、张明进：《城镇化对地方政府土地财政依赖的影响》，载《财会月刊》2016 年第 9 期，第 46～49 页。

[126] 张蔚文，徐建春：《对国外城市经营理念的考察与借鉴》，载《国外规划研究》2002 年第 11 期，第 33～37 页。

[127] Jenkins, P., 2000："Urban Management, Urban Poverty and Urban Governance: Planning and Land Management in Maputo", *Environment and Urbanization*, Apr, P137–152.

[128] Rakodi, C., 2001："Forget Planning, Put Politics First? Priorities for Urban Management in Developing Countries", *International Journal of Applied Earth Observation and Geoinformation*, Mar, P209–223.

[129] Oman, C. P., 2000："*Policy Competition for Foreign Direct Investment: A Study of Competition among Governments to Attract FDI*", M. A., Development Centre of the Organisation for Economic Co-operation and Development.

[130] 毛艳华、钱斌华：《城市土地资源研究：基于城市经营理念下的思考》，载《北京工业大学学报（社会科学版）》2005 年第 4 期，第 6～10 页。

[131] 王岳龙、邹秀清：《土地出让：以地生财还是招商引资——基于居住—工业用地价格剪刀差的视角》，载《经济评论》2016年第5期，第68~82页。

[132] 罗必良：《分税制、财政压力与政府"土地财政"偏好》，载《学术研究》2010年第10期，第27~35页。

[133] 杨帅、温铁军：《经济波动、财税体制变迁与土地资源资本化——对中国改革开放以来"三次圈地"相关问题的实证分析》，载《管理世界》2010年第4期，第32~41页。

[134] 郭贯成、汪勋杰：《地方政府土地财政的动机、能力、约束与效应：一个分析框架》，载《当代财经》2013年第11期，第25~35页。

[135] 曹端海、谢俊奇、孙艾青：《基于财政分权视角的土地财政问题研究》，载《改革与战略》2017年第10期，第115~118页。

[136] 卢洪友、袁光平、陈思霞：《土地财政根源："竞争冲动"还是"无奈之举"？——来自中国地市的经验证据》，载《社会经济体制比较》2011年第1期，第88~98页。

[137] 涂思：《财政分权与土地财政——基于中国省级面板数据的实证分析》，载《财政监督》2016年第16期，第79~83页。

[138] 周业安：《地方政府竞争与经济增长》，载《中国人民大学学报》2003年第1期，第97~103页。

[139] 张闫龙：《财政分权与省以下政府间关系的演变——对20世纪80年代A省财政体制改革中政府间关系变迁的个案研究》，载《社会学研究》2006年第3期，第39~63页。

[140] 陶然、陆曦、苏福兵：《地区竞争格局演变下的中国转轨：财政激励和发展模式反思》，载《经济研究》2009年第7期，第21~33页。

[141] 唐鹏、石晓平、曲福田：《地方政府竞争与土地财政策略选择》，载《资源科学》2014年第4期，第702~711页。

[142] 谭江华：《基于地方政府竞争视角下的土地财政困局分析》，载《学术论坛》2015年第1期，第64~67页。

[143] 赵静、钟本章：《地方政府"土地财政"行为分析——基于竞争视角下》，载《现代商贸工业》2015年第17期，第173~175页。

[144] 李永乐、刘玉山：《"三维"政府竞争分析：土地依赖视角》，

载《中国行政管理》2015 年第 1 期，第 82～87 页。

[145] 罗必良、李尚蒲：《地方政府间竞争：土地出让及其策略选择——来自中国省级面板数据（1993～2009 年）的经验证据》，载《学术研究》2014 年第 1 期，第 67～78 页。

[146] 胡娟、陈挺：《财政分权、地方竞争与土地财政——基于一般均衡框架》，载《安徽师范大学学报（人文社会科学版)》2019 年第 3 期，第 84～90 页。

[147] Li，H.，Zhou，L. A.，2005："political turnover and economic performance：the incentive role of personnel control in China"，*Journal of Public Economic*，Spet，P1743 – 1762.

[148] 梁若冰：《财政分权下的晋升激励、部门利益与土地违法》，载《经济学（季刊)》2009 年第 1 期，第 283～305 页。

[149] 张莉、王贤彬、徐现祥：《财政激励、晋升激励与地方官员的土地出让行为》，载《中国工业经济》2011 年第 4 期，第 35～43 页。

[150] 张莉、徐现祥、王贤彬：《地方官员合谋与土地违法》，载《世界经济》2011 年第 3 期，第 72～88 页。

[151] 刘佳、吴建南、马亮：《地方政府官员晋升与土地财政——基于中国地市级面板数据的实证分析》，载《公共管理学报》2012 年第 2 期，第 11～23 页。

[152] 李勇刚、高波：《政治激励机制下的土地财政与经济增长——基于市级面板数据的空间计量分析》，载《南京社会科学》2013 年第 12 期，第 15～22 页。

[153] 武普照、孙超、赵宝廷：《官员晋升激励促进了土地财政扩张吗？——基于官僚政治模型和省际面板数据的分析》，载《南京财经大学学报》2019 年第 03 期，第 26～39 页。

[154] Tian，L.，Ma，W.，2009："Government Intervention in City Development of China：A tool of Land Supply"，*Land Use Policy*，July，P599 – 609.

[155] 陶然、袁飞、曹广忠：《区域竞争、土地出让与地方财政效应：基于 1999～2003 年中国地级城市面板数据的分析》，载《世界经济》2007 年第 10 期，第 15～27 页。

[156] 吕丹、王钰：《地方政府土地财政的综合经济影响及改革路径分析——基于对大连市土地财政实证研究》，载《财经问题研

究》2013 年第 1 期，第 84～90 页。

[157] 夏方舟、李洋宇、严金明：《产业结构视角下土地财政对经济增长的作用机制——基于城市动态面板数据的系统 GMM 分析》，载《经济地理》2014 年第 12 期，第 85～92 页。

[158] Ding, C., 2003: "Land Policy Reform in China: Assessment and Prospects", *Land Use Policy*, Apr, P109 – 120.

[159] 陈明：《"土地财政"的多重风险及其政治阐释》，载《经济体制改革》2010 年第 5 期，第 25～29 页。

[160] 李斌、卢娟：《土地财政对公共服务供给的影响——基于中国 273 个地级市数据的空间 Tobit 与分位数检验》，载《云南财经大学学报》2018 年第 03 期，第 25～40 页。

[161] 杨志安、汤旖璆：《土地财政收入与城市公共服务水平关系研究》，载《价格理论与实践》2014 年第 11 期，第 104～106 页。

[162] Bai, C. E., Wan, Y. J., 1998: "Bureaucratic Control and the Soft Budget Constraint", *Journal of Comparative Economics*, Mar, P41 – 61.

[163] Mashin, E., Xu, C. G., 2001: "Soft Budget Constraint Theories: From Centralization to the Market", *Economics of Transition*, Mar, P1 – 27.

[164] Kornai, J. et al, 2003: "Understanding the Soft Budget Constraint", *Journal of Economic Literature*, Dec, P1095 – 1136.

[165] Kornai, J., 2009: "The Soft Budget Constraint Syndrome in the Hospital Sector", *Society and Economy*, May, P5 – 31.

[166] Kornai, J., 1992: "*The Socialist system: The political economy of Communism*", Princeton and Oxford, Princeton University Press and Oxford University Press.

[167] Kornai, J., 1998: "The Place of the Soft Budget Constraint Syndrome in Economic Theory", *Journal of Comparative Economics*, Mar, P11 – 17.

[168] Schmidt, K., Schnitzer, M., 1993: "Privatization and Management Incentives in the Transition Period in Eastern Europe", *Journal of Comparative Economics*, Jun, P264 – 287.

[169] Lin, J. Y., et al, 1998: "Competition, Policy Burdens, and State-owned Enterprise Reform", *The American Economic Review*,

Feb, P422 – 427.

[170] Dewatripont, M., Roland, G., 2000: "Soft Budget Con-straints, Transition, and Financial Systems", *Journal of Institu-tional and Theoretical economic*, Mar, P245 – 260.

[171] Qian, Y. Y., Roland, G., 1998: "Federalism and the Soft Budg-et Constraint", *The American Economic Review*, Feb, P1143 – 1162.

[172] Calacean, G., Aligica, P., 2004: "Soft Budget Constraint, Enterprise Restructuring, and Economic Reform Policy", *Eastern European Economics*, Jan, P75 – 95.

[173] Lin, J. Y., Li, Z. Y., 2008: "Policy Burden, Privatization and Soft Budget Constraint", *Journal of Comparative Economics*, Mar, P90 – 102.

[174] Chow, C. K. W., et al, 2010: "Investment and the Soft Budget Constraint in China", *International Review of Economics and Fi-nance*, Apr, P219 – 227.

[175] Ihoi, T., Itaya, J. I., 2004: "Fiscal Reconstruction and Local Government Financing", *International Tax and Public Finance*, Jan, P55 – 67.

[176] Jin, J., Zou, H. F., 2003: "Soft Budget Constraints on Local Government in China", In: Rodden, J. A., Eskeland, G. S., Litvack, J., editors, "*Fiscal Decentralization and the Challenge of Hard Budget Constraints*". Cambridge, The Massachusetts In-stitute of Technology Press.

[177] 时红秀:《中国地方政府债务的形成机制与化解对策》,载《山东财政学院学报》2005 年第 1 期,第 3 ~ 11 页。

[178] 邓雪琳:《改革开放以来中国政府职能转变的测量——基于国务院政府工作报告(1978 – 2015)的文本分析》,载《中国行政管理》2015 年第 8 期,第 30 ~ 36 页。

[179] 吴宾、杨彩宁:《住房制度、住有所居与历年调控:自 1978 ~ 2017 年中央政府工作报告观察》,载《改革》2018 年第 1 期,第 74 ~ 85 页。

[180] 张海柱:《政府工作报告中的海洋政策演变——对 1954 ~ 2015 年国务院政府工作报告的内容分析》,载《上海行政学院学

报》2016 年第 17 期，第 105～111 页。

[181] 朱俊：《法治思维视阈下的政府工作报告（1978－2013）考察》，载《理论与改革》2014 年第 5 期，第 139～144 页。

[182] 王印红、李萌竹：《地方政府生态环境治理注意力研究——基于 30 个省市政府工作报告（2006－2015）文本分析》，载《中国人口·资源与环境》2017 年第 2 期，第 28～35 页。

[183] 文宏、赵晓伟：《政府公共服务注意力配置与公共财政资源的投入方向选择——基于中部六省政府工作报告（2007—2012年）的文本分析》，载《软科学》2017 年第 6 期，第 5～9 页。

[184] 陈思：《比较视角下中美两国政府改革意识实证研究》，载《河南大学学报（社会科学版）》2016 年第 1 期，第 21～29 页。

[185] 王宏新、邵俊霖、张文杰：《政策工具视角下的中国闲置土地治理——192 篇政策文本（1992－2015）分析》，载《中国行政管理》2017 年第 3 期，第 108～112 页。

[186] 汪晖：《中国土地制度改革：难点、突破与政策组合》，商务印书馆 2013 年第 1 版。

[187] 杨璐璐：《改革开放以来我国土地政策变迁的历史与逻辑》，载《北京工业大学学报（社会科学版）》2016 年第 2 期，第 18～29 页。

[188] 宋志红：《中国农村土地制度改革研究——思路、难点与制度建设》，中国人民大学出版社 2017 年第 1 版，第 36 页。

[189] Qin, X. , 2010："The impact of political forces on urban land ownership reform in transitional China", *International Journal of Law in the Built Environment*, Oct, P206－217.

[190] 陈抗、Hillman AL、顾清扬：《财政集权与地方政府行为变化——从援助之手到攫取之手》，载《经济学（季刊）》2002 年第 2 期，第 111～130 页。

[191] 刘京焕、岳晓、万柯：《健全中央和地方财力与事权相匹配的体制研究——基于中国地区经济差异的财政体制研究》，载《财政监督》2010 年第 19 期，第 12～14 页。

[192] 孙永君：《省以下地方财政分权问题研究——基于 K 市的实证分析》，载《经济理论与经济管理》2013 年第 5 期，第 82～90 页。

[193] 吴群、李永乐：《财政分权、地方政府竞争与土地财政》，载

《财贸经济》2010 年第 7 期，第 51～59 页。

[194] 李涛：《财政分权背景下的土地财政：制度变迁、收益分配和绩效评价》，载《经济学动态》2012 年第 10 期，第 27～33 页。

[195] 郭贯成、汪勋杰：《财政分权、地方财政赤字与土地财政》，载《财经论丛》2014 年第 12 期，第 17～23 页。

[196] 曹端海、谢俊奇、孙艾青：《基于财政分权视角的土地财政问题研究》，载《改革与战略》2017 年第 10 期，第 115～118 页。

[197] 胡娟、陈挺：《财政分权、地方竞争与土地财政——基于一般均衡框架》，载《安徽师范大学学报（人文社会科学版)》2019 年第 3 期，第 84～90 页。

[198] 王克强、胡海生、刘红梅：《中国地方土地财政收入增长影响因素实证研究——基于 1995～2008 年中国省际面板数据的分析》，载《财经研究》2012 年第 4 期，第 112～122 页。

[199] 郭志勇、顾乃华：《制度变迁、土地财政与外延式城市扩张——一个解释我国城市化和产业结构虚高现象的新视角》，载《社会科学研究》2013 年第 1 期，第 8～14 页。

[200] 唐云锋、马春华：《财政压力、土地财政与"房价棘轮效应"》，载《财贸经济》2017 年第 11 期，第 39～54 页。

[201] 武普照、孙超、赵宝廷：《地方政府财政压力、官员晋升激励与土地财政行为：理论分析与实证检验》，载《现代财经（天津财经大学学报)》2019 年第 10 期，第 95～113 页。

[202] 郑骏川：《地方政府财政压力、土地出让收益与房地产价格——来自中国 35 城市面板数据的证据》，载《宏观经济研究》2020 年第 2 期，第 63～74 页。

[203] 王雍君：《地方政府财政自给能力的比较分析》，载《中央财经大学学报》2000 年第 5 期，第 21～25 页。

[204] 王敬尧：《县级治理能力的制度基础：一个分析框架的尝试》，载《政治学研究》2009 年第 3 期，第 36～46 页。

[205] 吴建南、李贵宁、侯一麟：《财政管理、角色定位与组织绩效——不同资源禀赋下西部某市乡镇政府的经验研究》，载《管理世界》2008 年第 12 期，第 64～74 页。

[206] 吴建南、李贵宁、侯一麟：《财政管理、角色冲突与组织绩效——面向中国乡镇政府的探索性研究》，载《管理世界》2005 年第 12 期，第 57～64 页。

［207］李婉：《中国式财政分权与地方政府预算外收入膨胀研究》，载《财经论丛》2010 年第 3 期，第 23～30 页。

［208］武玉坤：《中国地方政府非税收入汲取研究——一个财政社会学分析框架》，载《贵州社会科学》2015 年第 10 期，第 136～142 页。

［209］童锦治、李星、王佳杰：《财政分权、多级政府竞争与地方政府非税收入——基于省级空间动态面板模型的估计》，载《吉林大学社会科学学报》2013 年第 6 期，第 33～42 页。

［210］席鹏辉、梁若冰：《省以下财政分权、地方政府行为与非税收入——来自闽、浙、赣三省的实证证据》，载《山西财经大学学报》2014 年第 7 期，第 15～24 页。

［211］白彦锋、王婕、张琦：《非税收入和经济增长、税收收入的关系——基于周期分析的视角》，载《新疆财经大学学报》2013 年第 2 期，第 22～33 页。

［212］王佳杰、童锦治、李星：《税收竞争、财政支出压力与地方非税收入增长》，载《财贸经济》2014 年第 5 期，第 27～38 页。

［213］谷成、潘小雨：《减税与财政收入结构——基于非税收入变动趋势的考察》，载《财政研究》2020 年第 6 期，第 19～34 页。

［214］刘明慧、赵雅丹：《政府间纵向财力协调：内涵厘定、约束条件与模式构想》，载《经济与管理评论》2019 年第 3 期，第 37～48 页。

［215］王志刚、龚六堂：《财政分权和地方政府非税收入：基于省级财政数据》，载《世界经济文汇》2009 年第 5 期，第 17～38 页。

［216］吴金光、毛军：《财政分权、区域竞争与地方政府非税收入》，载《湖南财政经济学院学报》2016 年第 4 期，第 5～11 页。

［217］侯一麟：《政府职能、事权事责与财权财力》，载《公共行政评论》2009 年第 2 期，第 36～72 页。

［218］江克忠、夏策敏：《财政分权背景下的地方政府预算外收入扩张——基于中国省级面板数据的实证研究》，载《浙江社会科学》2012 年第 8 期，第 25～33 页。

［219］楼继伟：《中国政府间财政关系再思考》，中国财政经济出版社 2013 年第 1 版。

［220］刘尚希，《财政分权改革——"辖区财政"》，载《中国改革》2009 年第 6 期，第 74～75 页。

[221] 白宇飞、杨武建：《转移支付、财政分权与地方政府非税收入规模》，载《税务研究》2020年第1期，第115~120页。

[222] 马忠华、许航敏：《财政治理现代化视域下的财政转移支付制度优化》，载《地方财政研究》2019年第12期，第36~42页。

[223] 吉富星、鲍曙光：《中国式财政分权、转移支付体系与基本公共服务均等化》，载《中国软科学》2019年第12期，第170~177页。

[224] 龚锋、李智：《"援助之手"还是"激励陷阱"——中国均衡性转移支付的有效性评估》，载《经济评论》2016年第5期，第3~23页。

[225] 方红生、张军：《财政集权的激励效应再评估：攫取之手还是援助之手?》，载《管理世界》2014年第2期，第21~31页。

[226] 白宇飞、张宇麟、张国胜：《我国政府非税收入规模影响因素的实证分析》，载《经济理论与经济管理》2009年第5期，第43~47页。

[227] 闫坤、于树一：《明晰40年财税改革主线，把握未来改革"关键词"》，载《中国财政》2018年第20期，第23~25页。

[228] 张永军、梁东黎：《晋升激励、官员注意力配置与公共品供给》，载《改革研究》2010年第12期，第21~23页。

[229] 周黎安：《晋升博弈中政府官员的激励与合作：兼论我国地方保护主义和重复建设问题长期存在的原因》，载《经济研究》2004年第6期，第33~40页。

[230] 靳庭良、郭建军：《面板数据模型设定存在的问题及对策分析》，载《数量经济技术经济研究》2004年第10期，第131~135页。

[231] 王锐淇、张宗益：《区域创新能力影响因素的空间面板数据分析》，载《科研管理》2010年第3期，第17~26页。

[232] 汪朝晖：《线性面板数据模型及其实证分析》，湖南师范大学学位论文，2007年。

[233] Hausman, J. A., 1978: "Specification tests in econometrics", *Econometrica*, Nov, P1251 - 1271.

[234] 李怀组：《管理研究方法论》，西安交通大学出版社2017年第3版。

[235] 余建英、何旭宏：《数据统计分析与SPSS应用》，人民邮电出

版社 2003 年第 1 版。

[236] 邱皓政:《结构方程模式:LISREL 的理论技术与应用》,双叶书廊 2003 年第 1 版。

[237] 马爱霞、马俊生:《分组分析法在卫生检验中的应用》,载《中国卫生检验杂志》2003 年第 3 期,第 361 页。

[238] 温忠麟、侯杰泰、张雷:《调节效应与中介效应的比较和应用》,载《心理学报》2005 年第 2 期,第 268 ~ 274 页。

[239] 郭亚帆:《稳健统计以及几种统计量的稳健性比较分析》,载《统计研究》2007 年第 9 期,第 82 ~ 85 页。

[240] 郝凤霞、朱琪:《中央对地方的转移支付结构对地区经济增长的影响研究——基于产业结构的分组回归》,载《工业技术经济》2020 年第 2 期,第 101 ~ 109 页。

[241] 郑浩生、李春梅、刘桂花:《"省直管县"体制下财政转移支付对县域经济增长影响研究——基于四川省 59 个改革试点县(市)的实证检验》,载《地方财政研究》2014 年第 6 期,第 61 ~ 64 页。

[242] Wolman, H., 1980:"*Local Government Strategies to Cope with Fiscal Pressure. In*:*Levine CH*,*Rubin I*,*editors. Fiscal Stress and Public Policy*",Beverly Hills,Sage Publication.

[243] MacManus, S. A., Pammer, W. J., 1990:"Cutbacks in the Country:Retrenchment in Rural Villages, Townships, and Counties",*Public Administration Quarterly*,Fall,P302 – 323.

[244] 蒋省三、刘守英、李青:《土地制度改革与国民经济成长》,载《管理世界》2007 年第 9 期,第 59 ~ 69 页。

[245] 李尚蒲、罗必良:《我国土地财政规模估算》,载《中央财经大学学报》2010 年第 5 期,第 12 ~ 17 页。

[246] 张原,吴斌珍:《财政分权及财政压力冲击下的地方政府收支行为》,载《清华大学学报(自然科学版)》2019 年第 11 期,第 940 ~ 952 页。

[247] 方红生、鲁玮骏、苏云晴:《中国省以下政府间财政收入分配:理论与证据》,载《经济研究》2020 年第 4 期,第 118 ~ 133 页。

[248] 文雁兵:《政府规模的扩张偏向与福利效应》,载《中国工业经济》2014 年第 5 期,第 31 ~ 43 页。

[249] 文雁兵：《改革中扩张的政府支出规模——假说检验与政策矫正》，载《经济社会体制比较》2016 年第 2 期，第 26 ~ 38 页。

[250] 张光：《十八大以来我国事权和财权划分政策动向：突破还是因循?》，载《地方财政研究》2017 年第 4 期，第 12 ~ 18 页。

[251] 卢洪友、张楠：《政府间事权和支出责任的错配与匹配》，载《地方财政研究》2015 年第 5 期，第 4 ~ 10 页。

[252] 刘承礼：《省以下政府间事权和支出责任划分》，载《财政研究》2016 年第 12 期，第 14 ~ 27 页。

[253] 胡祖铨：《我国中央对地方转移支付制度研究》，载《税收经济研究》2013 年第 4 期，第 81 ~ 85 页。

[254] 叶姗：《论政府间财政转移支付的制度安排》，载《社会科学》2010 年第 7 期，第 69 ~ 79 页。

[255] Ding, C., 2003: "Land Policy Reform in China: Assessment and Prospects", *Land Use Policy*, Apr, P109 – 120.

[256] 杨圆圆：《"土地财政"规模估算及影响因素研究》，载《财贸经济》2010 年第 10 期，第 69 ~ 76 页。

[257] 王斌、高波：《土地财政、晋升激励与房价棘轮效应的实证分析》，载《南京社会科学》2011 年第 5 期，第 28 ~ 34 页。

[258] Oates, W. E., 1972: "*Fiscal Federalism*", New York, Harcourt Brace Jovanovich.

[259] Martinez, V. J., Mcnab, R. M., 2003: "Fiscal Decentralization and Economic Growth", *World Development*, Feb, P1597 – 1616.

[260] Yeung, R., 2009: "The Effects of Fiscal Decentralization on the Size of Government: A Meta – Analysis", *Public Budgeting and Finance*, Dec, P1 – 23.

[261] Bradbury, K., et al, 1982: "*Urban Decline and the Future of American Cities*", Washington, DC.

[262] Oates, W. E., 1985: "Searching for Leviathan: An Empirical Study", *American Economic Review*, Sep, P748 – 757.

[263] Zax, J. S., 1989: "Is There a Leviathan in Your Neighborhood?", *American Economic Review*, Feb, P560 – 567.

[264] Forbes, K. F., Zampelli, E. M., 1989: "Is Leviathan a Mythical Beast?", *American Economic Review*, Jun, P568 – 577.

[265] Bahl, R. , 1999: "Fiscal Decentralization as Development Policy" , *Public Budgeting and Finance*, Jun, P59 –75.

[266] Arikan, G. G. , 2004: "Fiscal Decentralization: A Remedy for Corruption?" , *International Tax and Public Finance*, Feb, P175 – 195.

[267] Davoodi, H. , Zou, H. F. , 1998: "Fiscal Decentralization and Economic Growth: A Cross – Country Study" , *Journal of Urban Economic*, Mar, P244 –257.

[268] Iimi, A. , 2005: "Decentralization and Economic Growth Revisited: An Empirical Note" , *Journal of Urban Economics*, May, P449 –461.

[269] Stansel, D. , 2005: "Local Decentralization and Local Economic Growth: A Cross-sectional Examination of US Metropolitan" , *Journal of Urban Economics*, Jan, P55 –72.

[270] Thießen, U. , 2003: " Fiscal Decentralization and Economic Growth in High-income OECD Countries" , *Fiscal Studies*, Sep, P237 –274.

[271] Jin, Y. H. , et al, 2011: "The Evolution of Fiscal Decentralization in China and India: A Comparative Study of Design and Performance" , *Journal of Emerging Knowledge on Emerging Markets*, Aug, P553 –580.

[272] Zhang, T. , Zou, H. , 1998: "Fiscal Decentralization, Public Spending, and Economic Growth in China" , *Journal of Public Economics*, Feb, P221 –240.

[273] Jin, H. H. , et al, 2005: "Regional Decentralization and Fiscal Incentives: Federalism, Chinese Style" , *Journal of Public Economics*, Feb, P1719 –1742.

[274] Carrion – i – Silvestre, J. L. S. , et al, 2008: "Fiscal Decentralization and Economic Growth in Spain" , *Public Finance Review*, Mar, P194 –218.

[275] Cantarero, D. , Gonzalez, P. P. , 2009: "Fiscal Decentralization and Economic Growth: Evidence from Spanish Regions" , *Public Budgeting and Finance*, Dec, P24 –44.

[276] Akai, N. , Sakata, M. , 2002: "Fiscal Decentralization Contrib-

utes to Economic Growth: Evidence from State – level Cross-section Data for the United States", *Journal of Urban Economics*, Jul, P93 – 108.

[277] Lin, J. Y. F., Liu, Z. Q., 2009: "Fiscal Decentralization and Economic Growth in China", *Economic Development and Cultural Change*, Jun, P1 – 21.

[278] Schneider, A., 2003: "Decentralization: Conceptualization and Measurement", *Studies in Comparative International Development*, Sep, P32 – 56.

[279] Lewis, B. D., 2003: "Local Government Borrowing and Repayment in Indonesia: Does Fiscal Capacity Matter?", *World Development*, Jun, P1047 – 1063.

[280] 袁飞、陶然、徐志刚：《财政集权过程中的转移支付和财政供养人口规模膨胀》，载《经济研究》2008 年第 5 期，第 70 ~ 80 页。

[281] 郭春华、陈晓平：《土地行政问责制对国有土地收益影响研究——以湖南省为例》，载《福建农林大学学报（哲学社会科学版）》2015 年第 3 期，第 37 ~ 42 页。

[282] 唐鹏、石晓平、曲福田：《政府管制、土地违法与土地财政》，载《中国土地科学》2018 年第 32 期，第 15 ~ 21 页。

[283] 吕萍、卢嘉、周方圆：《土地督察制度理论研究与实证分析——基于国家土地督察数据的分析》，载《中国国土资源经济》2013 年第 12 期，第 21 ~ 25 页。

[284] 钟太洋、黄贤金、谭梦、彭佳雯：《土地督察的耕地保护效果评价》，载《中国人口、资源与环境》2011 年第 5 期，第 38 ~ 43 页。

[285] 居祥、石晓平、饶芳萍：《基于倾向值匹配方法的土地督察制度的耕地保护效应研究》，载《水土保持通报》2018 年第 4 期，第 135 ~ 141 页。

[286] 陈晓红、朱蕾、汪阳洁：《驻地效应——来自国家土地督察的经验证据》，载《经济学（季刊)》2018 年第 1 期，第 99 ~ 122 页。

[287] Ferejohn, J., 1999: "Accountability and Authority: Towards a Model of Political Accountability", in Przeworski, Manin, Stokes,

"Democracy, Accountability, and Representation", U. K. , Cambridge University Press, P131 – 153.

[288] 卢真、莫松奇:《财政透明度的提升能抑制"土地财政"的规模吗?》,载《当代经济科学》2020 年第 1 期,第 25 ~ 36 页。

[289] Ferejohn, J. , 1999:"Accountability and Authority: Towards a Model of Political Accountability", in Przeworski, Manin, Stokes, "*Democracy, Accountability, and Representation*", U. K. , Cambridge University Press, P131 – 153.

[290] 张志宏:《土地出让收益分配改革研究》,载《现代城市研究》2013 年第 9 期,第 8 ~ 14 页。

[291] 陶然、陆曦、苏福兵、汪晖:《地区竞争格局演变下的中国转轨:财政激励和发展模式反思》,载《经济研究》2009 年第 7 期,第 21 ~ 33 页。

[292] 张昕:《城市化过程中土地出让金与城市经济增长关系研究》,载《价格理论与实践》2008 年第 1 期,第 47 ~ 48 页。

[293] Collier, P. , 2000:"Ethnicity, politics and economic performance", *Economic and politics*, Nov, P225 – 245.

[294] Abed, G. T. , Davoodi, H. R. , 2002:"Corruption, structural reforms, and economic performance in the transition economicies", In: Aded, G. T. , Gupta, S. , editors, "*Governance, corruption, and economic performance*", Washington D. C. , International monetary fund, P504 – 506.

[295] Li, H. , Zhou, L. A. , 2005:"political turnover and economic performance: the incentive role of personnel control in China", *Journal of Public Economic*, Spet, P1743 – 1762.

[296] 邹薇、刘红艺:《土地财政错觉、私人投资与经济增长——基于省级面板数据的分析》,载《劳动经济研究》2014 年第 5 期,第 104 ~ 129 页。

[297] 东方:《新常态背景下的中国土地财政与经济增长》,载《经济问题探索》2018 年第 1 期,第 116 ~ 122 页。

[298] Forbes, M. , Lynn, L. E. , 2005:"How Does Public Management Affect Government Performance? Findings from International Research", *Journal of Public Administration Research and Theory*, Oct, P559 – 584.

[299] Brignall, S. , Model, S. , 2000: "An Institutional Perspective on Performance Measurement and Management in the 'New Public Sector", *Management Accounting Research*, Sep, P281 – 306.

[300] Kaplan, R. S. , Norton, D. P. , 1992: "The Balanced Sore Card Measures that Drive Performance", *Harvard Business Review*, Jan, P71 – 79.

[301] Banham, J. , 1987: "Doing it Better: the United Kingdom Local Authority Audit Commission", *Australian Journal of Public Administration*, Jun, P126 – 130.

[302] Commission, A. , 1988: "*Good Management in Local Government: Successful Practices and Action*", London, HMSO.

[303] Boyne, G. A. , 2003: "What is Public Service Improvement", *Public Administration*, Jun, P211 – 227.

[304] Andrews, D. R. , et al, 2009: "Centralization, Organizational Strategy, and Public Service Performance", *Journal of Public Administration Research and Theory*, Jan, P57 – 80.

[305] 田华:《论政府社区公共服务绩效评估体系的构建》, 载《理论界》2007 年第 8 期, 第 60 ~ 61 页。

[306] 丁元竹:《界定基本公共服务及其绩效》, 载《国家行政学院学报》2009 年第 12 期, 第 18 ~ 21 页。

[307] Sibieta, L. , Simpson, H. , 2008: "Public services performance", *Eonomics*, Dec, P5 – 9.

[308] Hood, C. , 2008: "Options for Britain: Measuring and Managing Public Services Performance", *The Political Quarterly*, Sep, P7 – 18.

[309] Andrews, D. R. , et al, 2008: "Organizational Strategy, External Regulation and Public Service Performance", *Public Administration*, Mar, P185 – 203.

[310] Atkinson, T. , 2005: "Atkinson Review: Final Report – Measurement of Government Output and Productivity for the National Accounts", *HMSO/ PalgraveMacmillan*.

[311] Taylor, V. A. , Miyazaki, A. D. , 1995: "Assessing Actual Service Performance: Incongruities Between Expectation and Evaluation Criteria", *Advances in Consumer Research*, Jan, P599 –

605.

[312] 平新乔、白洁：《中国财政分权与地方公共品的供给》，载《财贸经济》2006 年第 2 期，第 49~55 页。

[313] 田传浩、李明坤、郦水清：《土地财政与地方公共物品供给——基于城市层面的经验》，载《公共管理学报》2014 年第 4 期，第 38~48 页。

[314] 颜燕、王蒙、张杰：《土地财政是公共品供给结构失衡的真正推手吗?》，载《北京师范大学学报（社会科学版）》2019 年第 2 期，第 146~157 页。

[315] Boyne, G. A., 2003："Sources of Public Service Improvement：A Critical Review and Research Agenda", *Journal of Public Administration Research and Theory*, Jul, P367 – 394.

[316] Boyne, G. A., Meie, K. J., 2009："Environmental Turbulence, Organizational Stability, and Public Service Performance", *Administration and Society*, Aug, P799 – 824.

[317] 李菁、刘旭玲、赵毅：《土地财政对城市非经济性公共物品供给的影响——基于武汉市 2002~2013 年数据的实证》，载《华中科技大学学报（社会科学版）》2016 年第 5 期，第 92~98 页。

[318] 张四明：《财政压力下地方政府的预算决策与调适行为的研究》，载《行政及政策学报》2003 年第 36 期，第 9~79 页。

[319] 傅勇：《财政分权、政府治理与非经济性公共物品供给》，载《经济研究》2010 年第 8 期，第 4~15 页。

[320] Martin, S., Smith, P. C., 2005："Multiple Public Service Performance Indicators：Toward an Integrated Statistical Approach", *Journal of Public Administration Research and Theory*, Oct, P599 – 613.

[321] Andrews, D. R., et al, 2005："Representative Bureaucracy, Organizational Strategy, and Public Service Performance：An Empirical Analysis of English", *Journal of Public Administration Research and Theory*, Feb, P489 – 504.

[322] Audit Commission, 2003："*Comprehensive Performance Assessment*", London, Audit Commission.

[323] Andrews, D. R., 2007："Organizational Social Capital and Pub-

lic Service Performance Audit Commission", *The 9th Public Management Research Conference*, Tucson, University of Arizona.

[324] Boyne, G. A., et al, 2010: "Does Public Service Performance Affect Top Management Turnover?", *Journal of Public Administration Research and Theory*, Jul, Pi261 - i279.

[325] Walker, R. M., et al, 2011: "Boyne GA, Brewer GA, et al. Market Orientation and Public Service Performance: New Public Management Gone Mad?", *Public Administration Review*, Sep, P707 - 717.

[326] James, O., 2011: "Managing Citizen's Expectations of Public Service Performance: Evidence from Observation and Experimentation in Local Government", *Public Administration*, Dec, P1419 - 1435.

[327] 陈昌盛, 蔡跃洲:《中国政府公共服务: 体制变迁与地区综合评价》, 中国社会科学出版社 2007 年第 1 版。

[328] 孙璐、吴瑞明、李韵:《公共服务绩效评价》, 载《统计与决策》2007 年第 24 期, 第 65~67 页。

[329] 陈振明、刘祺、蔡辉明:《公共服务绩效评价的指标体系建构与应用分析》, 载《理论探讨》2009 年第 5 期, 第 130~134 页。

[330] 戴钰:《政府基本公共服务绩效评估的指标体系研究》, 载《湖南行政学院学报 (双月刊)》2010 年第 6 期, 第 13~17 页。

[331] 陈秀丽、田发:《基于因子分析与 DEA 模型的地方政府公共服务绩效评价——以河南省 18 个地级市为例实证分析》, 载《商业经济》2011 年第 10 期, 第 91~92 页。

[332] Delaney, J. T., Huselid, M. A., 1996: "The Impact of Human Resource Management Practices on Perceptions of Organizational Performance", *The Academy of Management Journal*, Aug, P949 - 969.

[333] 张海峰、姚先国、张俊森:《教育质量对地区劳动生产率的影响》, 载《经济研究》2010 年第 7 期, 第 57~67 页。

[334] Scutchfield, F. D., et al, 2009: "Public Health Performance", *American Journal of Preventive Medicine*, Apr, P266 - 272.

[335] 刘德吉、胡昭明、程璐:《基本民生类公共服务省际差异的实证研究——以基础教育、卫生医疗和社会保障为例》, 载《经

济体制改革》2010 年第 2 期，第 35～41 页。

[336] Bellettini, G., Ceroni, C. B., 2000: "Social Security Expenditure and Economic Growth: An Empirical Assessment", *Research in Economics*, Sep, P249 – 275.

[337] Mark, G., 2006: "Impact on Government Spending on Employment and Output at the State Level: 1980 – 2000", *Journal of business & Economic Studies*, Mar, P27 – 33.

[338] 刘新、刘星：《地方财政社会保障支出对就业的影响效应——基于 1999～2008 年的面板数据的经验》，载《经济与管理研究》2010 年第 10 期，第 74～82 页。

[339] 罗丽英：《地方公共物品供给对 FDI 影响的实证分析》，载《国际经贸探索》2008 年第 12 期，第 61～65 页。

[340] Esty, D. C., Porter, M. E., 2005: "National Environmental Performance: an Empirical Analysis of Policy Results and Determinants", *Environment and Development Economics*, Apr, P381 – 389.

[341] 杨碧莲：《影响地方政府环境绩效因素之探讨》，淡江大学学位论文，2011 年。